भाषान्तरण कला : एक परिचय

वाणी प्रकाशन
21-ए, दरियागंज, नई दिल्ली-110002
फोन: 23273167, 23275710 फैक्स: 23275710
e-mail : vani_prakashan@yahoo.com
vani_prakashan@mantraonline.com

भाषान्तरण कला : एक परिचय

विश्वविद्यालय अनुदान आयोग द्वारा स्नातक स्तर के लिए
निर्धारित प्रयोजनमूलक संशोधित नवीनतम पाठ्यक्रम

संपादन
डॉ. मधु धवन

वाणी प्रकाशन का लोगो
विख्यात चित्रकार मकबूल फिदा हुसेन की
कूची से

वाणी प्रकाशन
21-ए, दरियागंज, नयी दिल्ली-110002
द्वारा प्रकाशित

प्रथम संस्करण : 1999
द्वितीय संस्करण : 2005

मूल्य : 45.00

शुभम् ऑफसेट, दिल्ली-110032
में मुद्रित

BHASHANTARAN KALA :
EK PARICHYE
Edited by Dr. Madhu Dhawan

प्रस्तावना

विभिन्न भाषा-भाषी जनसमूह के बीच अंतःसम्प्रेषण की प्रक्रिया स्वरूप भाषान्तरण का विशिष्ट योगदान रहा है। भाषान्तरण देश-विदेश में सांस्कृतिक सेतु का कार्य करता है इस क्षेत्र में अनुवाद पर हिन्दी के अनेक स्तरीय ग्रंथ प्रकाशित हैं। अतः अनुवाद के संदर्भ में पर्याप्त सामग्री उपलब्ध है। किन्तु भाषान्तरण के संदर्भ में सामग्री नहीं के बराबर है। आज आवश्यकता इस बात की है कि स्नातक स्तर के आरम्भिक छात्रों को भाषान्तरण पर ऐसी सामग्री दी जाए जो उन्हें आसानी से समझ आए तथा इस दिशा के महत्व तथा उपादेयता को समझ सकें।

इस विषय में सामग्री जुटाने में डा. एस. सुब्रह्मण्यन "विष्णुप्रिया", रेलवे वरिष्ठ अधिकारी गोविन्दन जी तथा डा. कमला विश्वनाथन जी के प्रति कृतज्ञता ज्ञापित करती हूँ।

मधु धवन

विषय सूची

भाषान्तरण कला : संक्षिप्त परिचय

भाषान्तरण मानव सभ्यता के साथ विकसित एक ऐसी तकनीक है जिसका आविष्कार मनुष्य के बहुभाषिक स्थिति के चलते हुआ। भारत जैसे विकासशील बहुभाषा-भाषी देश में विचारों का आदान-प्रदान, प्रशासन, शिक्षा, विधि, विज्ञान, व्यवसाय, कृषि एवं जनसंचार के क्षेत्रों में जनभाषों की प्रतिष्ठा का नया प्रश्न उठ खड़ा हुआ है। आज इक्कसवीं सदी की ओर बढ़ते हुए न केवल भावात्मक एकता बनाए रखने के लिए तत्पर रहना है, अपितु तकनीकी ज्ञान के नए स्वरूप की माँग को सामान्य जनता तक पहुंचाना भी अनिवार्य है आज भारतीयों के लिए भाषान्तरण की आवश्यकता सर्वोपरि हो गयी है। साथ ही भाषान्तरण का महत्व वैज्ञानिक, तकनीकी, शैक्षाणिक एवं व्यावसायिक क्षेत्रों का विकासशील देशों में बढ़ता जा रहा है। वैज्ञानिक सूचनाओं के आदान-प्रदान में राजनीतिक एवं कूटनीतिक व्यवहार में भाषान्तरण की अनिवार्यता स्वयंसिद्ध है। विश्व राजनीति में 'तीसरी दुनियाँ' के देशों का महत्व पहले से ज्यादा बढ़ गया है। बहुराष्ट्रीय कम्पनियों के पनपने से भी दुभाषियों की मांग बढ़ती जाती है। आज सम्मेलन और संगोष्ठियों का युग है और इन्हें सक्षमता से चलाने के लिए भाषान्तरण की आवश्यकता है। संयुक्त राष्ट्रसंघ की मान्यता प्राप्त भाषाओं - अंग्रेजी, फ्रैंच, जर्मन, रूसी, चीनी एवं अरबी के साथ-साथ हिन्दी स्पेनिश भाषाओं के भाषान्तरण की माँग भी बढ़ती जा रही है।

भाषान्तरण सम्बन्धी मूल तथ्य

यहां हम संक्षेप में भाषान्तरण सम्बन्धी उन मूल बातों पर चर्चा करेंगे जिससे इसे समझ सकें।

1. भाषान्तरण की आवश्यकता
2. भाषान्तरण शब्द का तात्पर्य
3. दुभाषिया के गुण

4. भाषान्तरण का मूल तत्व
5. भाषान्तरण की इकाई
6. भाषान्तरण का व्यावहारिक पक्ष
7. अनुवाद और निर्वचन के बीच का अन्तर
8. भाषान्तरण के प्रकार

भाषान्तरण की आवश्यकता

किसी भाषा में प्राप्त सामग्री का दूसरी भाषा में भाषान्तरण करना एक आवश्यकता हो गयी है। विभिन्न भाषा-भाषी जनसमूह के बीच अंतःसम्प्रेषण की प्रक्रिया के रूप में अनादिकाल से भाषान्तरण का योगदान रहा है। भारत जैसे बहुभाषाभाषी राष्ट्र में वार्तानुवाद का महत्व है। 'भाषान्तरण' शब्द से हम सभी परिचित हैं। प्रत्येक व्यक्ति कभी-न-कभी भाषान्तरण के स्सम्पर्क में आता है। कभी उसे स्वयं भाषान्तरण करना पड़ता है और कभी करवाना पड़ता है। प्रतिदिन ऐसे अनेक अवसर आते हैं जब हिन्दी और अंग्रेजी के अलावा अन्य भारतीय भाषाओं तथा विदेशी भाषाओं में भाषान्तरण की आवश्यकता महसूस होती है। पर्यटक गाइड, हिन्दीतर भाषी प्रान्तों की सार्वजनिक स्थितियों में भी इसकी आवश्यकता महसूस होती है। भाषान्तरण के कारण ही लोग आदान-प्रदान कर सकते हैं।

हमारे देश के आर्थिक, वाणिज्यिक, औद्योगिक क्षेत्र में जब से उदारीकरण और भूमण्डलीकरण की प्रवृत्तियाँ प्रारम्भ हुई हैं तब से अनेक उद्योगपतियों ने विदेशी कम्पनियों के साथ मिलकर कई उद्योग आरम्भ किये तब से विदेशी भाषाओं से अनुवाद की गतिविधियों के साथ-साथ भाषान्तरण की अत्यन्त आवश्यकता महसूस हुई। जिस प्रकार आजकल अनुवाद की आवश्यकता बढ़ती जा रही है उसी तरह दुभाषिये की मांग भी बढ़ती जा रही है। ज्यों-ज्यों जनसंचार के माध्यम बढ़ते जाते हैं त्यों-त्यों भाषान्तरण की आवश्यकता भी बढ़ती जाती है।

भाषान्तरण शब्द का अभिप्राय

भाषान्तरण को अंग्रेजी में Interpretation कहा जाता है जिसका हिन्दी अर्थ है तात्पर्यों का स्पष्टीकरण। इस अंग्रेजी शब्द का शाब्दिक अर्थ है अर्थनिर्णय, निर्वचन, अनुवचन, वार्तानुवाद, व्याख्या, मीमांसा, भावार्थ, अनुवाद, भाष्य, टीका, भाषान्तरण आदि।

भारत सरकार के विधि और न्याय मंत्रालय के विद्यायी विभाग **राजभाषा** खंड द्वारा प्रकाशित विधि शब्दावली में Interpretation शब्द का अंग्रेजी में यह अर्थ दिया है कि

1. Process of ascertaining the meaning of a given text.

2. Translation.

उसी ग्रंथ में इस शब्द का हिन्दी में यह अर्थ दिया गया है - 1. निर्वचन 2. भाषांतरण (तर्जुमा)

Interpretar का कोशगत अर्थ है - निर्वक्ता, भाष्यकार, भाषान्तरकार, टीकाकार अर्थप्रकाशक दुभाषिया (बृहत अंग्रेजी हिन्दी कोश-भाग। हरदेव बाहरी) इस शब्द का विधि शब्दावली में अंग्रेजी में यह अर्थ दिया गया है कि one who translates orally the words of persons speaking different languages in their presence; a person" sowrn by court to interpret the testimony of a witness when given in a language other then that commonly used by the court. 2. Translator.

इसी ग्रंथ में हिन्दी में इस शब्द का यह अर्थ दिया हुआ है पहला दुभाषिया दूसरा अनुवादक। कोश तथा विधि-शब्दावली के अर्थों में यद्यपि Interpretation के लिए अनुवाद तथा Interpreter के लिए अनुवादक अर्थ भी दिया गया है, फिर भी व्यवहार में Interpretation अनुवाद नहीं होता और हो भी नहीं सकता उसी प्रकार Interpreter अनुवादक नहीं। Translation के लिए 'अनुवाद' शब्द अपनाया **गया है**,

उसी प्रकार Interpretation के लिए यथास्थिति 'निर्वचन' या 'अनुवचन' शब्दों का प्रयोग किया जा सकता है।

अनुवाद की भाँति 'भाषान्तरण' भी कला है, शिल्प है, विज्ञापन भी है। अनुवाद में एक भाषा में अभिव्यक्त बात को यथासंभव निकटतम समान एवं सहज अभिव्यक्ति द्वारा दूसरी भाषा में व्यक्त करने का प्रयास निहित है। उस प्रयास में सफलता पाना सही निर्वचन प्रणाली पर निर्भर है अतः भाषान्तरण प्रणाली या निर्वचन प्रणाली को अनुवाद प्रक्रिया के अनेक सोपानो में बहुत ही महत्वपूर्ण सोपान मान सकते हैं। Translation के लिए सामान्यतः प्रयुक्त हिन्दी शब्द अनुवाद है। न्याय सूत्र में अनुवाद शब्द की व्याख्या करते हुए लिखा गया है - "विधि विहितस्य अनुवचनमनु वादः नानुवाद पुनरुक्तयोः विशेषः शब्दा न्यासोपपतेः।" अर्थात् अनुवाद विधि विहित अर्थ का बोधगम्य स्पष्टीकरण (Repetion of a statement with explanation, illustration or Corroboration is translation) Translation और Inter pretation में ज्यादा भेद नहीं दिखता है पर Translator बैठकर अनुवाद का लिखित रूप प्रस्तुत करता है जबकि Interpreter मौखिक रूप में श्रोतावृन्द के समक्ष आशु अनुवाद प्रस्तुत करता है। कहा जा सकता है - किसी भाषा द्वारा मौखिक रूप में प्रकट किये गए भावों का किसी दूसरी भाषा में मौखिक अनुवाद ही भाषान्तरण है। इस प्रकार के अनुवादक को दुभाषिया कहा जाता है। सन् 1887 में जेसौर बंगाल में कृष्ण चन्द्र मजुमदार द्वारा सम्पादित 'द्वैभाषिक' नामक संस्कृत-बंगला भाषा की पत्रिका के प्रथम अंक में लिखा था - "विचारवीचि प्रसारार्थ द्वैभाषिक व्याख्या आवश्यकम् इति में मतिः आंग्ला भाषा परिवेश ते वा वयं वा इदं दुष्करं कार्य सम्पादयितुं शक्नुमः।"

कहा जा सकता है कि दुभाषिया विचारों के आदान प्रदान के लिए अनिवार्य है।

❄ ❄ ❄

दुभाषिया के गुण

1. विषायानुरूप भाषा का लहजा और भाषा में धारा प्रवाह पकड़।
2. कोड शब्दों की जानकारी और ढाँचा
3. वर्ग के अनुरूप शब्दों / भाषा का प्रयोग।
4. भावों - विचारों की पकड़ एवं स्मरण शक्ति।
5. क्रमवार प्रसंग
6. वैज्ञानिक तकनीकी शब्दावली का ज्ञान।
7. सामाजिक - राजनीति का पूर्ण ज्ञान।
8. शैलीपरक नैसर्गिकता का ध्यान।
9. भाषान्तरण मूल वक्तव्य पर आधारित करना।
10. मूल भाषा का स्तर बराबर बनाये रखना (कमतर बेहतर की अपेक्षा बराबर रहे।)

1. दुभाषिया का पहला काम है स्रोत भाषा में प्रयुक्त वाक्यांश / मुहावरों की पृष्ठभूमि को समझे। इसको समझे बिना वह वार्तानुवाद कार्य के प्रति न्याय नहीं कर सकता। इस दायित्व में जरा-सी चूक अर्थ का अनर्थ कर सकती है - जैसे 'आप अनुभव हैं' कि जगह कहा जाए घाट-घाट का पानी पिया है। कई पापड़ बेले हैं। तो कितना अपमानजनक होगा। कई बार तो ऐसी स्थितियाँ आ जाती हैं कि लक्ष्य भाषा में स्रोत भाषा के मूल भाव से विपरीत अर्थ का आर्विभाव हो जाता है। जब तक दुभाषिये को यह जानकारी नहीं होगी कि मलयालम या अंग्रेजी की वाक्य रचना के मूल में क्या भाव निहित हैं और उसका सीमा-क्षेत्र तथा उसकी व्यापकता कितनी हैं, तब तक वह हिन्दी में इसका सही परिप्रेक्ष्य में निर्वचन नहीं कर सकेगा। इससे भाषा भाव की गहनता, भावप्रवणता तथा सुस्पष्टता नष्ट हो जाती है।

2. दूसरा महत्वपूर्ण कार्य है कि स्रोत भाषा के वाक्याशों / मुहावरों को समकक्ष अभिव्यक्ति देने के लिए लक्ष्य भाषा से सटीक शब्दों वाक्याशों मुहावरों का चयन किया जाए। जैसे - Might is right

- हिन्दी भाषा की किसी भी भाषाभाषी की मूल समस्या अर्थ सम्प्रेषण की होती है। भाषण के संदर्भ में यह समस्या और भी जटिल हो जाती है। क्योंकि 'क्या कहा गया है' और 'कैसे कहा गया है' भी महत्वपूर्ण हो जाता है।

रूप - अतर्वस्तु - अर्थ के परस्पर सम्बन्धों का विश्लेषण करें। इस परिवेश के तीन भाग हैं-

1. भाषणकर्ता 2. श्रोतागण 3. दुभाषिया

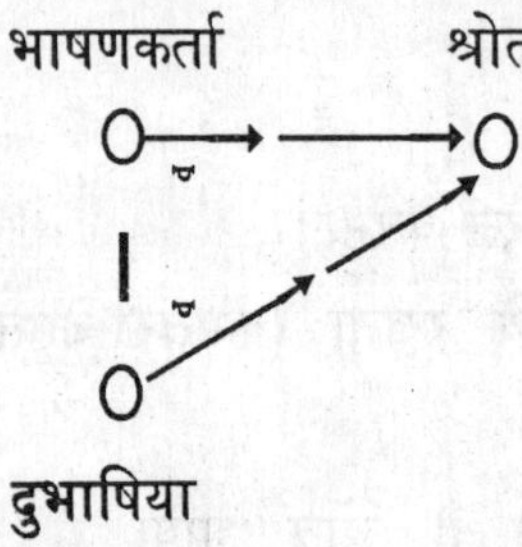

मानव समाज के सन्दर्भ में यह तीसरा अनिवार्य बन गया है। इसे हम भाषान्तरकार या दुभाषिया कहते हैं। सदा दुभाषिया को निर्भीकः, स्पष्टवादी स्मृतिप्रवण, शास्त्रज्ञ होना आवश्यक है।

निर्भीकता

जब वक्ता अपने कथन में अनौचित्यपूर्ण शब्द कह दे उसे प्रशमित करके बताने का साहस अपेक्षित होता है। वह कथन को हू-ब-हू कह सके। भाषा की प्रकृति न जानने वाला इसे कहने में कठिनाई महसूस करेगा लेकिन व्यावहारिक पक्ष का जानकर इस का अनुबाद सहज ही कर लेगा - 'जिसकी लाठी उसकी भैंस' भाषान्तरण करने वाले का ज्ञान विशद् होता है - उदाहरण के तौर पर - द्विभाषिया 'पुरस्कार पद्धति' वाक्यांश का हिन्दी में तब तक सही अर्थ नहीं बता सकेगा जब तक वह हिन्दी में तब तक 1829 में अमेरिका के निर्वाचित राष्ट्रपति ऐंड्र जेकसन की राजनैतिक विचारधारा को न जान

ले। उन्होंने चुनाव में कार्यत निष्ठावान कार्य-कर्ताओं को पब्लिक आफिसों में नियुक्त करके पुरस्कृत किया।

अक्सर भाषान्तरण करते वक्त

भाषाओं में पारस्परिक बोधगम्यता का न होना एवं भाषाओं में संरचना का भिन्न स्तर होना दोनों भाषाएँ स्थिति, परिवेश, पर्यावरण, सामाजिक परिस्थिति चिन्तन तथा अर्थ-क्षेत्र की दृष्टि से भी भिन्न होती है।

वाक्य संस्चना (Syntax) और अन्य व्याकरणगत समानताएँ और भिन्नताओं के प्रति। दुभाषिये को सदा सतर्क रहना चाहिए

भाषान्तरकार को स्पष्टवादी होना चाहिए। यहां वाक्य, शब्द बाहुल्य आदि स्थितियों में बाधित अर्थ को स्पष्ट करके बताना भाषान्तरकार का धर्म हो जाता है। प्रथम प्रधान मंत्री जवाहरलाल के भाषण से है "It is always welcome to strike a balance between national conduct and international manners in a way that the difference or distance is felt only mildly" इस कथन में साहित्यिक प्रसार है पर दुभाषिया जब इसे हिन्दी में प्रस्तुत करता है तो इतना काफी है "राष्ट्रीय व अन्तर्राष्ट्रीय आचरण में समानता होनी चाहिये" इसी को हम स्पष्टवादिता के रूप में इस सन्दर्भ में पहचानते हैं।

स्मृतिप्रष्ण योग्यता

भाषान्तरकार को स्मृतिप्रवण होना चाहिये। तात्पर्य है कि यदि मूल वक्ता उलझे हुए विचारों को अनिर्णयात्मक रूप में घुमाव फिराव के साथ कहे तो कथन के सिलसिले को बराबर याद रखना, भाषान्तरकार का उत्तरदायित्व हो जाता है। उदाहरण के लिए 1974 में पोखरान में भारत के परमाणु विस्फोट के बाद पत्रकार सम्मेलन में एक फ्रेंच पत्रकार का प्रश्न था Is India aware of 'SALT" (Strategic arms limitation treaty "प्रधान मंत्री इन्दिरा गांधी का उत्तर था We are aware of the destructive possibility of unclear weapons, we are increasingly making use of it for peaceful purpose and what we have attempted at Pokhran is only an implosion by fusion. This is not tantamount to explosion" इतने सारे कथनों को याद रखते हुए हिन्दी में भाषान्तरण करने वाले ने कहा-हम परमाणु ऊर्जा के घातक पक्ष से परिचित हैं। हमने पोखरान में अन्तस्फोट किया है विस्फोट नहीं। भाषान्तरकार को विभिन्न विषयों में बुनियादी ज्ञान रखना जरूरी होता है। चूंकि किसी के मौखिक भाषा स्वरूप के वह तुरन्त (आशु) अनुवाद प्रस्तुत करता है अतः पहले उसे विबिन्न भाषाओं के उच्चारणगत भेदों को समझना चाहिये।

भाषान्तरण का मूल तत्वः

भाषान्तरण का मूल तत्व है पुनरुक्ति - जो बात एक भाषा में कही जा चुकी है उसी को दुबारा कहना। यानी कि एक भाषा में कही गयी बात को दूसरी भाषा में कहना।

भाषान्तरण की इकाईः

भाषान्तरण की इकाई का 'अर्थ' है - 'अर्थ' की पुनरुक्ति। हम एक भाषा के अर्थ को ही पुनः दूसरी भाषा में प्रकट करते हैं। इस प्रकार हम समग्र मूल भावों-विचारों का दूसरी भाषा में मौखिक अनुवाद करते हैं।

भाषान्तरण का व्यावहारिक पक्षः

इसका व्यावहारिक पक्ष अनुवाद से कई गुना बढ़ चढ़ कर है। प्रतिदिन बाजार में एक सब्जीवाला या दुकानदार कई भाषाओं को सुनता है और हर ग्राहक की माँग पूरी करता है क्योंकि ग्राहक को तत्क्षण वस्तु चाहिए। व्यवहार में यह अपरिहार्य है।

समाज के अनेक वर्ग ऐसे हैं जो दो भाषाएँ जानते है यानी द्विभाषिक होते हैं। शहरों में रहने वाले तथा भिन्न-भिन्न भाषाओं वाले

राज्यों के सीमावर्ती क्षेत्रों में रहने वाले लोग अपने अनौपचारिक रूप से प्रतिदिन व्यवहार में प्रायः दो भाषाओं का प्रयोग करते हैं। इसलिए ये द्विभाषी लोग 'अनौपचारिक दुभाषिया' होते हैं किन्तु यह सामाजिक व्यावहारिक पक्ष है। ये स्थिति का निर्वाह कामचलाऊ ढंग से करते हैं किन्तु हम यहाँ जिस दुभाषिया की चर्चा कर रहे हैं। वह स्रोत भाषा तथा लक्ष्य भाषा का पूर्ण जानकार होता है।

अनुवादक एवं निर्वक्ता की क्षमतायें:

अनुवाद करनेवाला अनुवादक है और निर्वचन करनेवाला निर्वक्ता कहलाता है। अनुवादक एवं निर्वक्ता दोनों को स्रोत भाषा और लक्ष्य भाषा दोनों की अच्छी जानकारी एवं उन पर पूर्ण अधिकार होना चाहिए, इसके अलावा विषय का ज्ञान भी होना चाहिए, विषय ज्ञान के बिना निर्वचन सही नहीं हो सकता और निर्वचन सही नहीं हो तो अनुवाद गलत हो जाएगा।

अनुवाद एवं निर्वचन के बीच का अंतर:

निर्वचन का क्षेत्र बहुत ही व्यापक है, कोशगत अर्थों को देखते ही इसका पता चलता है अर्थ निर्णय से लेकर टीका लेखन भाष्य लेखन तक के कार्य इसके अंतर्गत समा जाते हैं।

अनुवाद में एक भाषा में कही हुई बात को समतुल्य सहज अभिव्यक्ति की सहायता से दूसरी भाषा में व्यक्त करना अपेक्षित हैं, लेकिन निर्वचन में एक भाषा के पाठ का उसी भाषा में या अन्य किसी भाषा में मात्र अर्थ समझाना है या उसकी व्याख्या प्रस्तुत करनी है, निर्वचन कार्य में निर्वक्ता को जितनी छूट व स्वतंत्रता हैं उतनी छूट तथा स्वतंत्रता अनुवाद कार्य में अनुवादक को प्राप्त नहीं होती।

निर्वचन और अनुवाद के लिए प्राप्त होनेवाली समाग्री या तो शैली प्रधान होती है या तथ्य प्रधान। शैली प्रधान समाग्रियों के अंतर्गत कविता, कहानी, नाटक, उपन्यास, रिपोर्ताज़ आदि रचनायें आती हैं, दूसरे शब्दों में हम यह मान सकते हैं कि साहित्य की सभी विधायें

शैली प्रधान समाग्री के अंतर्गत आती हैं, तथ्य प्रधान सामग्रियों के अंतर्गत इतिहास, राजनीति, अर्थ शास्त्र, गणित, विज्ञान, विधि, दर्शन, वाणिज्य मानविकी, समाज शास्त्र आदि जैसे विषय आते हैं इन को हम साहित्येतर सामग्री मान सकते हैं। जब शैली प्रधान सामग्रियों का अनुवाद करना होता है तब अनुवादक को बड़ी कठिनाई का सामना करना होता है क्योंकि उसे अनुभूति (भाव) पक्ष एवं अभिव्यक्ति (कला) पक्ष दोनों पर पूरा पूरा ध्यान देना पड़ता है, लेकिन निर्वक्ता को वहां इतनी छूट उपलब्ध है कि वह मात्र भाव पक्ष पर ध्यान दे सकता है और कला पक्ष की ओर चाहे तो इशारा कर सकता है। निर्वक्ता / दुभाषिया का दायित्व कथ्य का विश्लेषण कर मात्र भाव समझाना है।

निर्वक्ता की शैली-प्रधान सामग्री के निर्वचन में जितनी छूट तथा स्वतन्त्रता उपलब्ध है, उतनी छूट तथा स्वतंत्रता तथ्य प्रधान सामग्री के निर्वचन में विशेषकर विधिपरक साहित्य एवं कार्यालयीन साहित्य आदि के निर्वचन में नहीं मिलती।

अनुवाद कार्य में शब्दिक अनुवाद संभव है। भाषान्तरण में ध्यान पूरे शब्द पर नहीं भाव पर केन्द्रित होता है।

भाषान्तरण के प्रकार एवं क्षेत्र

अनुवाद के क्षेत्र में जब हम झांकते हैं तो अनेक प्रकार के अनुवाद मिलते हैं जैसे- शाब्दिक अनुवाद, सारानुवाद, भावानुवाद, गद्यानुवाद, पद्यानुवाद, वैज्ञानिक अनुवाद आदि ये सब लिखित रूप में होते हैं किन्तु ऐसे प्रसंग या स्थितियाँ जहाँ वक्ता मौखिक रूप में एक भाषा में बोलता है और उसी समय साथ-साथ अनुवादक मौखिक रूप में उसका अनुवाद करता जाता है वही भाषान्तरण है। यहाँ यह जान लेना अनिवार्य हैं कि मूल भाषा सामग्री तथा उसका अनुवाद दोनों ही मौखिक रूप में होते हैं। इसे प्रक्रिया के द्वारा किया गया अनुवाद आशु अनुवाद या अनुभाषण कहलाता है। भारतीय सार्वजनिक मेचों, लोकसभा में हिन्दी से अंग्रेजी अथवा अन्य भारतीय भाषाओं से हिन्दी

तथा प्रान्तीय भाषाओं मैं अनुवाद की व्यवस्था है वस्तुतः आशु अनुवाद का क्षेत्र बहुत विस्तृत एवं व्यापक है। इसकी मांग में निरन्तर वृद्धि होती जा रही है। आशु अनुवादक को 'दुभाषिया' भी कहते हैं और यही नाम प्रचलित है।

भाषान्तरण का क्षेत्र अत्यन्त विस्तृत एवं उज्वल भदिष्य लिये है। इसे हम सिद्धान्त की दृष्टि से या कला की दृष्टि से तीन भागों में बांट सकते हैं-

1. सामान्य - इसमें यथासंभव अनुवाद कर सकता
2. विशेष - प्रयुक्तिपरक भाषा का प्रयोग
3. व्यावसायिक - हर शब्द और आकड़ों को ध्यान में रखना

भाषान्तरण

सामान्य	विषेप / विशिष्ट वर्ग	व्यावसायिक क्षेत्र सम

☆ नेता का आम जनता को सम्बोधन ☆ संसद / लोकसभा

☆ बुद्धिजीवी वर्ग को सम्बोधन ☆ नेताओं के साक्षात्कार

☆ छात्रों को सम्बोधन ☆ खेलों के टीकाएँ

☆ धर्म के उपदेश देना

यहाँ हम कथ्य और शैली दो बातों पर ध्यान देंगे।

1. वक्ता क्या कह रहा है कथन - विषय

2. भाषा कैसी मुहावरेदार व्यंग्य प्रधान है-शैली को दुभाषियों को स्थिति देखते हुए विवेकपूर्ण कार्य करता चाहिए।

ध्वनि/स्वन प्रक्रिया

किसी भी भाषा में स्वर की लम्बाई जोर के आधार पर बदलता है उदाहरण के लिये जब मूल भाषणकर्ता कहता है "He said, I did not sign the agreement, My predecessor did it भाषान्तरकार सुनेगा तो उसे पता चलेगा कि मूल भाषणकर्ता ने 'He' पर जोर दिया। 'I' पर जोर दिया या 'Predecessor' पर जोर दिया। कभी-कभी हम देखते हैं कि 'o' उच्चारण में "ou" बन जाता है जैसे "growth" में। 'y' अक्सर 'i' की तरह उच्चारित हो जाती है। "now" और "grow" और "row" आदि में बोलने वाले अपने व्यक्तिगत उच्चारण भेद के अलावा अभ्यासागत भेद को भी प्रकट करते हैं।

अंग्रेजी भाषा की तीन ध्वनियाँ, भारतीय भाषाओं की उन्हीं तीन ध्वनियाँ से प्रलंबित उच्चारण की प्रतीक्षा रखते हैं। अंग्रेजी शब्द Victor में V का उच्चारण निकले ओंठ को स्पर्श किये बिना होता है जब कि भारतीय भाषा मूल वाले उसके उच्चारण में निचले होंठ के स्पर्श को प्रभावशाली बनाते हैं। इसी तरह 'Where' के उच्चारण में भी निकले ओंठ का स्पर्श अनिवार्य-सा भारतीय अंग्रेजी बोलनेवाले को प्रतीत होता है। तमिल भाषा भाषी अंग्रेजी बोलते समय अपनी मातृभाषा के ध्वनि प्रलंबन क्रम को अज्ञात रूप में मिला देते हैं। टेलीफोन में बातें करते समय Hello, Who, you उसके उच्चारण में बन जाता है "Hello ooo" "Who ooo" "Youwaa" मलयालम भाषा भाषी के अंग्रेजी उच्चारण में 'ट' का उच्चारण 'ड' बन जाता है और ओ का 'औ' "My daughter came in a lorry" "My doudder came in a lowree" बन जाता है अंग्रेजी में अन्तिम 'r' का उच्चारण नहीं होता है 'r' के पहले आने वाला स्वर विलंबित हो जाता है "Daughter" बनेगा उच्चारण में "Daughter" एक बार Mountbatten ने Jawaharlal Nehru के बारे में कहा, जो उच्चारण में लगता था "Dotaa Dotaa" और भाषान्तरकार ने कहा "बेटी की बेटी" है। वाक्य था He dotes on his daughter यह गलत भाषान्तर उच्चारण विशेषता को न जानने के कारण था, अंग्रेजी में "this", "that", "there" में रहने वाले प्रारंभिक "th" 'द' की

तरह उच्चारित होता है पर अन्त में आने वाला "th" जैसे 'Moth' शब्द 'थ" की तरह उच्चरित होता है। जो अभ्यास द्वारा अंग्रेजी सीखते हैं वे इस प्रकार के जोर देकर वोलने के लिए आदी हो जाते हैं। भाषान्तरकार यदि अंग्रेजी से हिन्दी में प्रस्तुत करता है तो पहले उसे अंग्रेजी भाषणदाता की मातृभाषा या प्रथम परिचित भाषा के बारे में जानना चाहिये। अंग्रेजी बोलने वाला वह भाषण कर्ता 'जर्मन' छोड़कर, फ्रांसीसी, इटालियन, स्पैनिश, जैसी भाषा को प्रयोग करने वाला हो तो उसके उच्चारण में कुछ विशेषताएँ आ जाती हैं। उदाहरण के लिए फ्रांसीसी भाषा में 'j' का उच्चारण Z हो जाता है और 'sh' का उच्चारण 's' हो जाता है। अधिकतर अन्तिम व्यंजन अनुच्चरित रहते हैं जैसे Rendezvous, "Raandevoo" के रूप में उच्चरित होता है। भाषान्तरकार को इस प्रकार के उच्चारण क्रम पर ध्यान देना चाहिये। द्राविड भाषाओं में अक्सर स्वरारंभ वाले शब्दों को व्यंजनारंभ कर देते हैं जैसे 'only' का उच्चारण "wonly" करते हैं और 'egg' को 'yegg' करते हैं। इसी तरह स्वर 'o' और 'ye' के प्रलंबित तथा साधारण, दो उच्चारण क्रम है। 'र' के भी अक्सर दो उच्चारण सुनेंगे। तमिल में "अर्रम शेय विरुम्बु" 'धर्म निभाना चाहो' "अमर शेय इरुम्बु" आरी बनाने के लिए लोहा चाहिये, दोनों मौखिक रूप में एक जैसे ही लगेंगे। इसी तरह "एन्नै अरै' का मुझे थप्पड़ मारो और "एण्णै अरै" "तेल वाला कमरा" दोनों का उच्चारित रूप एक सा लगेगा। भाषान्तर को ध्यान से ऐसे उच्चारण क्रमों में संभाव्य परिस्थितियों के प्रति सावधान रहना चाहिये। मलयालम भाषा में उच्चारण में 'T' और 'D', 'P' और B आदि में, अक्सर मिश्रित या परिवर्तित उच्चारण स्थिति रहती है। तमिल में 'च' और 'स' के उच्चारण में अक्सर परिवर्तन हो जाता है 'चपाती' और 'शान्ति' का दोनों के आरंभ का अक्षर एक ही है और मूल तमिल भाषी ही इसके उच्चारण को सही रूप में कर सकते हैं अन्य परिवर्तित रूप से करेंगे 'सपाती' या 'चान्ति' कह देंगे। भाषान्तरकार को ऐसी स्थितियों के बारे में जागरूक रहना चाहिये। तमिल और मलयालम में एक विशेष ध्वनि है जिसका लिप्यन्तरण नागरी में 'ष़' या रोमन में 'Zh' किया जाता है। फल के दो अर्थ एक 'फ़ायदा' और 'फ़ष़' "फल" के रूप में उच्चरित होकर प्रकट हो सकता है। भाषान्तरकार को इस 'ष़' के उच्चारण पर ध्यान देना चाहिये ताकि प्रस्तुति में गलती न हो जाये।

कन्नड़ और तेलुगु मधुर भाषाएँ है और उच्चारण की लम्बाई की दृष्टि से शब्दों के बीच में रहने वाले व्यंजनों को समान रूप दिया जाता है। कन्नड में प्रारंभ में 'प' का उच्चारण 'ह' हो जाता है तेलुगु में 'i' और 'j' का प्रारंभिक उच्चारण 'ts' और 'dz' हो जाता है। तेलुगु में अन्तिम स्वर को प्रलंबित करने की प्रवृत्ति भी रहती है। उकारान्तता की प्रवृत्ति भी है 'स्वरम्' 'स्वरमु' बन जाता है। कन्नड का ह्रस्व 'o' मौखिक रूप में अनुच्चारित रह जाता है।

मराठी में 'झ' का अक्सर 'ज़' के रूप में उच्चारण होता है 'झाला' मौखिक रूप में 'ज़ाला' बन जाता है। "माझ्या" becomes "Maa (d) zhyaa. "जाउन" उच्चारण में "Dzzavooh" बन जाता है। गुजराती भाषा में मराठी की अपेक्षा स्वरों का अनुनासीकरण स्थिर रूप में सुनाई देता है। 'ह' का उच्चारण कभी 'थ' के रूप में और 'थ' का कभी 'ह' के रूप में होता है। महाप्राणीकरण की प्रवृत्ति भी देखी जाती है। मराठी का 'इ वाचा' गुजराती "आ वांचो" बन जाता है। "मैं समझता" का गुजराती भाषा में उच्चरित स्वरूप होगा "हुँ समजुं छुँ" यह अनुनासीकरण अनेक प्रकार से मौखिक भाषा में प्रविष्ट हो जाता है। भाषान्तरकार जब गुजराती से हिन्दी में भाषान्तरण करता है उसे इस विशेष पक्ष पर ध्यान देना पड़ेगा। पंजाबी में अन्तिम 'आ' अक्सर 'अ' बन जाता है और गाड़ी इस तरह गड्डी बन जाता है। अन्त में आनेवाले व्यंजनों को उच्चारण में छोड़ देने का क्रम भी पंजाबी में देखा जाता है जैसे 'सियाही' सियाई, 'उन्नी' और बीस के बाद की प्रत्येक संख्या में 'स' का छूट जाना, इक्की, स्ताई, अठाई" आदि। प्रारंभ में आने वाले हलन्त रूपों का पूर्ण व्यंजन रूप में बदलाना जैसे स्टाप का सटाप बनना या पूर्ण व्यंजन का हलन्त समान बनना आदि, जैसे सताईस का 'स्ताई' आदि संभवित उच्चारण भेदों पर भाषान्तरकार को ध्यान देना पड़ेगा। सिन्धी भाषा की विशेषता यह है कि इसमें कुछ अन्तस्फोटात्मक ध्वनियाँ व्यंजनों के साथ जुड़ जाती है जैसे 'ग्गा' for 'ग' 'ज्ज' for जए। प्रो खूबचन्दानी, दखन कालेज, पुणे के सिन्धी विभाग के अध्यक्ष ने कहा कि यह प्रवृत्ति विशुद्ध अन्तस्फोटात्मक न होते हुए ध्वनिस्पर्श की दशा में हवा अन्दर खींचने की प्रवृत्ति है। 'ब' का उच्चारण स्थान दांत के पास से निकलकर होंठ के पास ही रह जाता है। 'ज'

में तालू स्पर्श हलका बन जाता है। और जीभ की छोर-प्रयोग अधिक होता है। सिन्धी के उच्चारण में फुसफुसाये गये अर्ध स्वर भी आते हैं जैसे 'अब तक' के लिए "हेला ताआआईन" अभी के लिए 'hiinar'। कश्मीरी भाषा में भी सिन्धी की तरह कुछ कुछ सुनाई देने वाले फुसफुसाहट भरे स्वर शब्दों में आते हैं जैसे 'जाकर जल्दी आओ' 'Ga'tsh too yi jal jal' में द्वितीय अक्षर और चौथे अक्षर के साथ फुसाफुसाहटवाले अर्ध स्वर आते हैं। भाषान्तरकार धीरे धीरे पहचान लेगा कि वह एक प्रकार का स्वर विस्तार है और उससे अर्थ बाधित नहीं होता है। बंगला, असमिया और उड़िया भारत के पूर्वी आंचल में बोली जाने वाली भारोपीय परिवार की भाषाएँ हैं। इन भाषाओं में अधिकतर 'अ' का उच्चारण 'ओ' की तरह होता है 'अजय' 'औजोय' हो जाता है 'कलिकाता' 'कोलिकाता' हो जाता है। स्वरों का प्रलंबन तीनों में पाया जाता है "उड़िया" में 'स' का उच्चारण प्रधान है जबकि बंगला में 'श' का उच्चारण प्रधान हो जाता है। जब बांगला भाषा भाषी कहता है "Bee Bant preedom" इसका मूल स्वरूप होता है "We Want freedom" इसी तरह उच्चरित "A lake is a body of bater ssharrounded by land' का मूल स्वरूप होता है "A lake is a body of water surrounded by land"

भाषान्तरकार जब किसी प्रदेश तथा भाषा विशेष के व्यक्ति के भाषण का अंग्रेजी या हिन्दी में भाषान्तरण करता है तो उसे इस बात पर ध्यान देना है। अंग्रेजी उच्चारण सम्हन्धी Daniel Jones की किताब तथा रामजन्द्र वर्मा की "अच्छी हिन्दी" तथा डाक्टर भोलानाथ तिवारी के सम्पादन में प्रकाशित "हिन्दी उच्चारण कोष" का आश्रय लेना चाहिये। उदाहरण के लिए 'क़िसमत', क़िस्त, क़िस्सा आदि का 'qismat', qist और 'qissa' जैसा उच्चारण झिड़कना 'Jhi'rak'na' जैसा उच्चारण, ग़म ग़लत करना का hgam hgalat जैसा उच्चारण कुछ भाषणकर्ताओं के हम सुन सकते हैं यद्यपि अधिकतर लोग Kismet, Gam, Galat जैसा ही उच्चारण करेंगे।

एक अच्छे भाषान्तरकार भाषणकर्ता की मातृभाषा, साहित्यकत्व पृष्ठभूमि आदि के बोरे में साधारण जानकारी से थोड़ी अधिक जानकारी रखेगा अन्यथा वोलियों के "भाषा" स्वरूप में प्रस्तुत होने पर संभवित खतरों का शिकार बन जाएगा।

एक मूल की भाषाओं में शब्द स्वरूप में अक्सर साम्य रहता है, किन्तु अर्थ पक्ष में थोड़ा बहुत परिवर्तन रहता है। उदाहरण के लिए हम अंग्रेजी शब्द Village लेते हैं।

Malayalam ग्रामम Tamil ग्रामम Kannada ग्रामा, हल्लि Telugu पल्ले, ग्राममु Marathi खेडे, गाँव Gujarati गाम Hindi गाँव Punjabi पिंड Sindhi गोत्वा, Kashmiri गामा Oriya गान Bengali ग्राम Assamiya गाँव।

हम देखते हैं कि ग्राम का तद्भव रूप प्रायः सभी भाषाओं में पहचानने योग्य है। स्वरान्तता में परिवर्तन या संयुक्ताक्षर रूप में से सीधे अक्षरसमूह परिवर्तन आदि हम देखते हैं।

भाषान्तरकार को ऐसे समान शब्द रूपों को समझ लेना चाहिये। इसके लिए विभिन्न भाषाओं के शब्द कोश आवश्यक हैं। 1948 में Berne, Switzerlande में सम्पन्न International Convention on translation की एक हिदायत थी कि सभी भाषान्तरकारों को द्विभाषी कोश (उच्चारण रूप सहित) रखना चाहिये और सम्मेलन सभा गृहों में भी ऐसे द्विभाषी कोशों का एक अलग पुस्तकालय होना चाहिये।

अब हम एक रंग सम्बन्धी शब्द ले लें। अंग्रेजी का Red तमिल में **शिवप्पु** कहलाता है, मवयालम में **सुवप्पु**, कन्नड़ में **केम्पु**, तेलुगु में **येरुपु**, **मराठी**, गुजराती, हिन्दी, पंजाबी बंगला और उड़िया में **लाल**, सिन्धी में **गारदो**, कश्मीरी में **बोज़ल** और असमिया में **रोगा**। इस तरह भाषान्तरकार **अन्य** रंगों के शब्दों में भी भारोपिय परिवार की भाषाओं में शब्दों का प्रायः **समान** रूप देख सकते हैं। सामान्यतः अधिक से प्रयुक्त होने वाले शब्दों में एक प्रकार की सामानता रहती है जिस पर भाषान्तरकार को ध्यान देना चाहिये। उदाहरण के लिए अंग्रेजी food के लिए आहार या भोजन शब्द सभी भारतीय भाषाओं में प्रयुक्त होता है। अतिरिक्त शब्द "शाप्पाडु" तमिल में, "तिण्डी" तेलुगु में, "खाना" हिन्दी मे, "खोराक" गुजराती में, "अन्न" मराठी में, "रोटी" पंजाबी में, खाना से निकलने वाला "खादो"

सिन्धी में, "खेन" कश्मीरी में, "खाद्यो" उड़िया में और "खाबार" बंगला में देखते हैं। दूध के लिये तमिल, तेलुगु और मलयालम में "पालु" शब्द। यही कन्नड़ में "हालु" बनता है और अन्य भारतीय भाषाओं में "दूध" शब्द थोड़े बहुत उच्चारण भेदों के साथ प्रयोग में है। असमिया में "गाखिर" शब्द का प्रयोग और सिन्धी में "खीरव" का प्रयोग होता है। प्रश्नात्मक सर्वनाम तमिल तेलुगु कन्नड़ व मल्यालम में "ए" स्वर के साथ शुरु होता है और अन्य भारतीय भाषाओं में 'क' के साथ। भाषान्तरकार इन प्रश्नों के आते ही होने वाले उच्चारण परिवर्तन पर ध्यान देगा। यहाँ **भाषान्तरकार को Body language पर भी ध्यान देता पड़ता है।** प्रलंबित या स्तंभित उच्चारण क्रम प्रश्नवाचकता का सूचक है जिसपर भाषान्तरकार ध्यान देगा। यहाँ हम एक पूरे वाक्य को लेकर देख सकते हैं कि किस तरह अर्थ समझाना और भाषान्तरण प्रस्तुत करना आसान है।

अंग्रेजी वाक्य	:	I do not get sleep at night
तमिल	:	एनक्कु रात्रि तूक्कम वरुवदिल्लै
मलयालम	:	एनिक्कि रात्रि उरक्कम वरुनिल्ल
कन्नड़ा	:	ननगे रात्रि निदंदे बरुवदिल्ला
तेलुगु	:	रात्रुलन्दु नाकु निद्र पट्टदु
मराठी	:	मला रात्रि झोप येत नाहीं
गुजराती	:	मने रात्रि ऊंध आवती नथी
हिन्दी	:	मुझे रात को नींद नहीं आती
पंजाबी	:	मैं नु राती नींद नई आन्दी
सिन्धी	:	मुंखे राति जो निन्दा नथी एस
कश्मीरी	:	रातास चाम न निन्दर इवान
उड़िया	:	रातिरे मोते निदो हुए नाहीं
बंगला	:	आमार रात्रे घूम होई ना
असमिया	:	मोर राती तोपो नि नाहे

वाक्य के विशिष्ट भागों में अर्थ प्रसारण या भेद समझने के लिए, भाषान्तरकार को इस बात पर ध्यान देना है कि कुछ आम अभिव्यक्तियां थोड़े बहुत भेद के साथ प्रायः समान रूप में एक मूल की भाषाओं में प्रयुक्त होती हैं। उदाहरण के लिए 'रात' और 'नीन्द' शब्द उपर्युक्त विभिन्न भाषाओं में प्रायः समान रूप में प्रयुक्त हुए। यही बात योरप की भाषाओं के लिए भी लागू है जिसे हम उदाहरण द्वारा स्पष्ट कर सकते हैं। एक शब्द है Data, Spanish में Datos, German में Daten, Italian में Date, Portugese में Dados और French में donnees। यहाँ हम एक वाक्य को ले लें।

English	:	Buildings of great historical and religious significance were built in the Roman forum
Italian	:	Nel Foro Romano Sorgevano Costrzioni riche di Memorie storiche ereligiose.
French	:	Dans le Forum romain se dressaient des Construction riches de souvenirs historiques et religieux.
German	:	im forum Romanum erheben sich grobarlige ge bande reich an historischer und religioser tradition
Spanish	:	En el foro Romano se levantaban Construcciones ilenas de extraordinaires Memorias historica, religiosas

एक शब्द लें Light, la lumiere (loomyair) French
das licht (lisht) German
la luz (looth) Spanish
la luz (loo chay) Italian
a luz (loosh) Portugese
lo fos (fos) Greek

भाषान्तरकार को एक ही प्रकार के शब्दों के उच्चारण भेदों को समझना चाहिये। हम एक और प्रश्नात्मक वाक्य भी लेकर योरपीय भाषाओं के साम्य वैषभ्य को पहचान सकते हैं।

English में What is your name, Dutch में Hoe heet u (hoo hate oo) French में Comment Vous appelez vous (Commater vooz appleh-voo) German में Wie ist ihr Name (vee ist ier nahmeh) Greek में Poss leg-es-teh, Italian में Come Si Chiama (Com-eh-see Kee-am-ah), Portugese में Como Se Chema (Comoo Ser Shaft Ma) Russian में Kak wat zawoot, Serbo-croat में Kako Se zorete और Spanish में Como se liama (Com o seh yama)

भाषाओं के व्याकरण की जानकारी

किसी भी भाषा में परिग्रहण सामर्थ्य प्राप्त करने के लिए उस भाषा के सर्वनाम, सम्बन्धतत्व तथा क्रिया के परिवर्तक अंश एवं प्रत्यय, उपसर्ग आदि को जानना अत्यन्त आवश्यक है। **दुभाषिया के काम के प्रति उन्मुख व्यक्ति बड़े अवधान से इन पक्षों को पहचानेगा।** मान लें कि आप एक हिन्दी न जानने वाले यात्री के साथ, भाषान्तरण करते हुए जा रहे हैं। Imperative mood के वाक्यों का प्रयोग करना है। आप उनसे कहना चाहते हैं "Sign your name here, मलयालम में आप कहेंगे "इव्विड़े ओप्पिडु", तमिल में "इंगे कैयेषुत्तु पोडुंग" कन्नड़ में "इल्लि साइनु माडु", तेलुगु में "इक्कड़ सन्तकम पेट्टु", मराठी में "ये थे सही करा", गुजराती में "अहीं सही करो", हिन्दी में "यहाँ सही कीजिए" पंजाबी में "इत्थे दस्तखत कर दे" सिन्धी में "हिते सही करी" कश्मीरी में "एथेत करिय दशखत", बंगाली में "एखाने सोई करा" असमिया में "इहाते सोही करा", उड़िया में "एथी दोस्तोखत कोरो"। आप देखेंगे कि तमिल तेलुगु और मलयालम को छोड़कर अन्य सभी भाषा में या तो 'सही' या 'दस्तखत' शब्द का उच्चारण भेद युक्त स्वरूप प्रयुक्त है। यहाँ, वहाँ, कहाँ आदि शब्द तथा करो, लिखो, पढ़ो आदि क्रिया रूपों को जानने पर आप संज्ञा शब्दों की अनुपूर्ति प्रचलित व परिचित शब्दावली आप यदि किसी बंगाली को कहना चाहते हैं कि 'पानी पी लीजिए' तो कैसे कहेंगे? क्योंकि वहाँ पानी भी खाना होता है और भात खाना भी प्रयोग होता है अतः व्याकरण का ज्ञान होना अनिवार्य हैं।

चक्रवर्ती शासक आदि के बीच में वार्तालाप जब होता है दुभाषिये का काफी महत्व लक्षित होता है। इदिहास में हम कई ऐसे प्रसंगों के बारे में जानते हैं जब दो पराक्रमी शासक परस्पर भाषान्तरकार की सहायता से बातें करते हैं। एक प्रसंग है अलेक्जाण्डर और पोरस (पुरुषोत्तम) के बारे में है। सिकन्दर का सवाल "आप से मैं कैसे व्यवहार करूँ" और पोरस का जवाब "एक राजा की तरह" हमारी चेतना में छनकर प्रविष्ट हो गया है। जार्ज जी पापाजियोर नामक ग्रीक भाषा के विद्वान ने उसका एक रूप "The Greek and the world" नामक पुस्तक में (अनुवाद अंग्रेजी में Max Hewlett) प्रस्तुत किया है। सिकन्दर प्राचीन ग्रीक भाषा का प्रयोग कर रहे हैं और पोरस पाली भाषा के पश्चिमी रूप का उपयोग कर रहे हैं।

सिकन्दर : Lheh roter Pah lee Kee ree eh Porus
"मैं आप से मिलकर खुश हूँ"

पोरस : आयस्मा अम्मापि
(आयुष्मन मैं भी)

सिकन्दर : Yeh nee kah Pohasa pee Yehe hoon tah ee Koh woh mee Kah tesa Khon rahas.
(आप के देश की आर्थिक व्यवस्था कैसी है?)

पोरस : अन्न जायति, ओदन पप्पति, पुनप्पुन खेत कसन्ति करसका, सब्ब हसत।
(धान्य पैदा होता है, खाना मिलता है, बार बार (साल साल) किसान खेत जोतते हैं। सब कुशल हैं।)

सिकन्दर : eh-Kteeya-Moh teen ah lee thtah.
(मैं सचाई पसन्द करता हूँ)

पोरस : अम्मापि सच्च अत्ता आत्थि।
(मैं भी सचाई पसन्द करने वाला हूँ)

सिकन्दर : EE Stneh Kslief tnsart
(क्या आप आजादी पसन्द करते हैं)

पोरस : अम्म नितन्त समिज्झि
(मैं स्वतन्त्र ही तो हूँ)

ऊपर की बातचीत में भाषान्तरकार संक्षेपण का क्रम एक दो स्थानों पर अपना सकते हैं। प्रश्न था आप के देश की आम अर्थ व्यवस्था कैसी है। उत्तर : "अच्छी है" भी हो सकता है पर यहाँ परिस्थिति को देखते हुए जिस कथन से प्रभाव पैदा हो सकता है उसे हम कह सकते हैं। पोरस की उक्ति में गर्व है और उसकी स्थिति के अनुकूल यह गर्व प्रदर्शनीय है जिसका एहसास सिकन्दर को होना है। इस सन्दर्भ में एक अन्य उदाहरण दिया जा सकता है। अमेरिका के राष्ट्रपति रिचर्ड निक्सन पीकिंह (बीजिंग) गये। अमेरिका के किसी भी राष्ट्रपति का चीन जाने का यह पहला अवसर था। एक आम सभा में राष्ट्रपति निक्सन ने जनता को एक बहुत बड़ा-सा चुटकुला सुनाया। दुभाषिये ने बस दो ही शब्दों में उसका अनुवाद सुनाया और सारी जनता हँसी में लोट पोट हो गयी। निक्सन को आश्चर्य हुआ कि चीनी भाषा में उनका लम्बा-सा चुटकुला बस दो शब्दों में सिमट गया। उन्होंने भाषान्तरकार से पूछा कि आपने मेरे इस लम्बे से चुटकुले की आत्मा को कैसे दो शब्दों में कह दिया। भाषान्तरकार ने झेंपते हुए कहा "अजी, मैंने सिर्फ इतना ही उनसे कहा कि राष्ट्रपति ने चुटकुला सुनाया है, आप सब हँसियेगा। अब यह सुनकर निकसन लोट पोट हो गये। भाषान्तरकार के काम में काफी जोखिम भी छिपा रहता है। माओत्से टुंग (Mao tse tung) और जोसफ स्टालिन (Joseph Stalin) से सम्बन्धित एक उदाहरण यहां पेश है। The new emperors नामक Harrison E. Salisbury द्वारा लिखित जीवनी से उद्धरण है (पृष्ठ 100 व 101). "To the young interpreter Nikolan Fedorenko, the visit of the Chinese had been a nightmare. He did not know from minute to minute what crisis might next arise and he was possessed by anxiety. It seemed to him that Stalin was wearing a mask and acting out a calcuated role, speaking softly and genially but what was going on in Stalin's mind he could not guess. It was a play but only Stalin knew the plot. Fedorenko was haunted by fear. One misstep and his career if not his life would be forfeit. During one meeting Mao asked him why Stalin had two carafes of wine and drank alternatively from them. Fedorenko confessed he did not know suggesting that Mao ask Stalin. Stalin noted the mumbled conversation and pounced on Fedorenko "What are you talking about. Fedorenko thought that his career has ended. Fedorenko told Stalin what they were talking about. To his relief Stalin explained amiably.

In the middle of meeting. Mao was decribing to Fedorenko a critical moment in the battle against Ching Kaishek. To his horror Fedorenko heard Stalin say "How much longer are you going to be occupied with this conspiracy."

He tried to explain that he was just Clarifying a point 'why don't you ask Mao what he means" Stalin said in a cold voice.

"I have "Fedorenko said" but he has not been able to explain.

"Well go ahead with your secret talks" said Stalin indifferently.

Finally Mao explained and Stalin relaxed. But not"Fedorenko"

इस वर्णन से हम दो बातें जान लेते हैं। यदि भाषान्तरकार के रूप में अधिक बोले या मुस्कुराते हुए अथवा अन्य किसी प्रकार के मुख भाव दर्शाते हुए बोले तो, भाषा के अज्ञान के कारण भाषान्तरणेच्छुक शंकित हो जाते हैं। वह आपसे सशक्त होते हुए भी कमजोर हैं और नहीं चाहते हैं कि आप किसी प्रकार का भाव दिखाये। सार्वजनिक भाषण में भाषान्तरण करते समय आप किसी अव्यक्तिगत बात पर मूल भाषणकर्ता के समान ध्वनि विवर्धन द्वारा मूल भाषा में निहित उत्तेजना आदि को प्रकट करे तो इसमें कोई हानि नहीं। पर दो नेताओं के बीच आप दुभाषिया बने हैं तो आप को शब्दों के

अर्थान्तरण मात्र पर ध्यान रखना चाहिये। हाँ यदि भाषान्तरणेच्छुक निर्देश दें तो आप अर्थ की उग्रता का स्पष्टीकरण कर सकते हैं। इस उद्धरण से हम यह भी जानते हैं कि भाषान्तरण में रहने वाले खतरे को पहचानते हुए निर्भीक होकर दुभाषिये को काम करना है। मूल भाषा के वक्ता तथा लक्ष्य भाषा के श्रोता आपसे आचार्यवत् व्यवहार चाहते हैं। स्नेह, गुरुत्व और अकुंठित विश्वसनीयता युक्त व्यवहार।

भाषान्तरकार को यह जानना ज़रूरी है कि कभी कभी शब्द क्रम को उलटकर कुछ भाषणकर्ता प्रभाव पैदा करने के लिए बोलते हैं। **अर्थ पक्ष की प्रधानता किस शब्द में निहित है, इसका भी परिज्ञान होना है।** कम्बन द्वारा रचित रामायण में हनुमान जी लंका से लौटकर राम से कहते हैं **कण्डेन सीतैयै** (देखा सीता को) यहाँ देखा शब्द अन्यान्य कारणों से महत्वपूर्ण है। एक उदाहरण हम जापानी से दे सकते हैं। अंग्रेजी भाषणकर्ता कहता है "Every little counts" पर जापानी में उसका भाषान्तरण प्रस्तुत करने वाला कहता है डोना नी चीसाइ मोनो डे मो मूडानी वा देखिनाई (कोई चीज़ कितना भी छोटॉ क्यों न हो अनुपयोगी नहीं हो सकता) अन्य प्रकार से इस अर्थ की अभिव्यक्ति नहीं हो सकती है।

भाषान्तरण की कहाँ-कहाँ ज़रूरत पड़ती है, इस प्रश्न के उत्तर में हम कह सकते हैं कि जहाँ कहीं भी दो भिन्न-भिन्न भाषा बोलने वाले मिलते हैं और आपसी सामाजिकता की आवश्यकता रखते हैं वहाँ भाषान्तरण की ज़रूरत पड़ जाती है। अनुवाद के इस मौखिक स्वरूप के सामाजिक परिप्रेक्ष्यों का हम अवलोकन करें। राष्ट्रों के प्रधान जब मिलते हैं और परस्पर हित की गम्भीर राजनैतिक बातें करते हैं वहाँ भाषान्तरण अथवा दुभाषिये के काम की ज़रूरत पड़ती है। इसमें नेता पास पास बैठे रहते हैं। शासकों की बातों की कार्यसूची रहती है। जैसे महत्वपूर्ण सन्धि या समझौते पर हस्ताक्षर आदि। सामान्यतया हस्ताक्षरणीय रूप में पहुँचे हुए करारों के बारे में दुभाषिये को बताया जाता है। दुभाषिये को अच्छी तरह समझकर दोनों की मंशाओं को पूरी तरह प्रकट करना है। इसमें कभी-कभी मतभेद अज्ञान के कारण हो जाता है। यहाँ दो उदाहरण दिये जाते हैं। प्रथम विश्व युद्ध के

दौरान *अंकारा* में स्थित विभिन्न देशों के दूतावास की निगरानी अधिकार जर्मनी को दिया गया और तुर्की में "सेयरेत मेक" शब्द का उपयोग किया गया जब कि "बकमक" शब्द का उपयोग करना था। सेयरेतमेक शब्द के दो अर्थ है, "देखना" और "पहरे में रखना"। जर्मनी ने पहरे में रखने की बात बतायी थी जब कि तुर्की ने देखना मात्र अर्थ लिया। इस कारण एक ख्यात बर्तानिया के जासूस बचकर निकल गया और करीब 22 लोगों की मृत्यु हो गयी। एक दूसरा प्रसंग द्वितीय विश्व युद्धोत्तर है। जापान के शासक हिरोहिटो और अमेरिकी सेनापति मैक आर्थर ओकिनावा फौजी बेस से अमेरिकी सेना को हटा लेने पर बातें कर रहे थे। तीन साल के लिये बेस की सुविधा बढ़ाने की प्रार्थना अमेरिका ने की थी। हिरोहिटो ने जिस जापानी शब्द का प्रयोग किया उसके दो अर्थ थे, 'शायद' और नहीं। अमेरिका ने May be अर्थ में लेकर बेस की आयु बढ़ाने के प्रयास में लग गये और इस तरह एक संघर्ष और मनमुटाव की स्थिति पैदा हो गयी। ऐसी ही एक भाषांतरण मूलक गड़बड़ी की स्थिति सूएज़ कैनल के मिस्र के शेयरों के सर बेंजमिन डिस्रेली द्वारा ब्रिटिश सरकार के लिए खरीदे जाने के अवसर पर हुआ।

2. अन्तर्राष्ट्रीय सम्मेलन या सभाएँ जैसे विश्व स्वास्थ्य संगठन, यूनेस्को, संयुक्त राष्ट्र संघ आदि में अनेक राष्ट्रों की बातचीत या संगोष्ठी चलाते समय भाषान्तरकार की ज़रूरत पड़ती है। एक ही समय पर कई भाषाओं में समान्तर भाषान्तरण भी प्रस्तुत किया जाता है।

3. विश्वस्तरीय मेले, प्रदर्शनियाँ आदि जब चलायी जाती हैं, तब भी भाषान्तरकार प्रस्तुत रहते हैं और स्पष्टीकरण का काम करते हैं। अक्सर मुद्रित सामग्री भाषान्तरकार को दी जाती है या प्रदर्शनी की सामग्री के साथ चिपकी रहती है। उक्त प्रकार प्रदत्त स्पष्टीकरण आदि को श्रोता की भाषा में पेश करना होता है। उदाहरण के लिए एक अन्तर्राष्ट्रीय फ़ोटो प्रदर्शनी में आधुनिक जर्मनी में हिटलर कालीन जर्मनी की तुलना में यहूदियों के परिवार के स्वस्थ जीवन का एक फ़ोटो था जिसमें एक पुरुष और दो स्त्रियाँ थी। हम सब जानते हैं कि पिछले विश्व महायुद्ध के दौरान योरप में करीब 6 मिल्लियन यहूदियों को बेरहमी से यातनाएँ देकर मारा गया था, और इस

कार्य के सामूहिक उत्तरदायित्व जन्य ग्लानि से आज के जर्मन जाति बोझिल है। चित्र पर जर्मन स्पष्टीकरण और उसका अंग्रेजी अनुवाद अधोलिखित प्रकार है।

"Unter sich unter uns. Es Bab line zeit in der sprachges chichte, in det Dlend Soviel hie use Brigm wie ins Ausland Nerbannt. Es Gab line zeit in der es in einem land Auslandern elend ging. Dies nicht nur in der sprachges chichte, umstritten ist, ob es dieseo Zeit gab, oder noch gibt. Unnmstritten bleibt daB es diese zeit nicht meher geben darf. ob es eine zeit geben kann in der Menschen unter sich sein durfen, weil sie unter uns sein konnen, bleibt einer ziet und einem Land. Vorbe halten, in der es Kein Elend Mehr gibt DaB dies Kein Traum bleiben darf, darf, nicht unter uns bleiben. darf, nicht unter uns bleiben.

एक अंग्रेजी भाषान्तरकार ने इसका भाषान्तरण इस प्रकार प्रस्तुत किया।

"One for all, According to one tradition there was a time long past when all men were one. But that time passed. And there came another time in recent past, in a place Germans call home, where the ideas of one man excluded many, Many left. Many were forced to leave and Many were victims of force. Nobody doubts that this time existed. Some doubt that it is truly past. All hope that it will never come again. There are many who still dream of a time when all men will be one. If all men had this one dream, it would no longer be a dream.

अंग्रेजी में जो भाषान्तरण प्रस्तुत किया गया था वह आपने आप में एक काव्य था और मूल पाठ का बिल्कुल समरूप है जिसमें शब्दों के स्थान मात्र की थोड़ी बहुत हेरा फेरी की गयी है। अब इसी का एक दूसरे भाषान्तरकार द्वारा प्रस्तुत भाषांतरण देखिये। प्रदर्शन मेले आदि में प्रस्तुत

सामग्री का मौखिक स्पष्टीकरण करने वाले अपनी मौलिकता को दिखा सकते हैं क्योंकि उनका सम्बोधन सामूहिक से अधिक वैयक्तिक होता है।

We are all one. It has been so from Past. But a time came when we became many in Germany. One person thought that many were not part of Germany. He Killed many, drove many from the country and many escaped. This period of tume existed and may come again. It should not come again. All of us should become equal so that the world will not feel the difference between man and man.

यह भाषान्तरण मूल से थोड़ा हटकर होने पर भी सरल बोध था। **भाषान्तरकार अपने सामर्थ्य प्रदर्शित करने के लिए नहीं, बल्कि विचारों के सही संप्रेषण के लिए उत्तरदायी है।**

4. यात्रियों या पर्यटकों की मण्डली के साथ भाषान्तरकार को काम का अधिक सम्बन्ध है। यात्रियों के कुछ प्रश्न होते हैं, कुछ फरमाइशें होती हैं, उन्हें सही ठिकानों पर पहुँचाना होता है। पर्यटकीय स्थानों के बारे में विवरण देना होता है। अक्सर ये विवरण बने बनाये हो सकते हैं। उदाहरण के लिए कोई यात्री दिल्ली आया है और उसे आप नई दिल्ली दिखा रहे हैं। आप बताते हैं कि इस शताब्दी के आरंभ में ही नयी दिल्ली बनायी गयी। पर्यटक का प्रश्न है, पहले यहाँ क्या था। आप को तब कहना पड़ता है।

"Originally it was a swampy valley which was later drained and used as a market. As well as a market it became a public place with both civic and sacred functions" इसी का फ्रांसीसी भाषा में प्रस्तुतीकरण देखिये।

C'e tait antrefois une vallee Marecageuse, qui fut assechee par la suite pour Panvoir creer un marche यहाँ हम पर्यटकों से सम्बन्धित शब्दावली का उल्लेख करेंगे।

शहर, कस्बा, मण्डप, घाटी, पहाड़, शताब्दि, मन्दिर, मस्जिद, मेहराब, इमारत, दूरी, किला, बादशाहत, कलात्मक, सार्वजनिक, घाट, पुजारी, पुजारिन,

गाइड वगैरह। इसी तरह प्रत्येक विषय से सम्बन्धित चुनी हुई शब्दावली होती है जो ज्यादा से ज्यादा तीन सौ शब्द तक हो सकती है। **भाषान्तरकार इन शब्दों को अच्छी तरह जान लेगा।** कुछ शब्दों के तो आप अंग्रेजी रूप का प्रयोग बेहिचक कर सकते हैं। फ्रेंच, स्पेनिश, जर्मन, इटालियन आदि में ये शब्द खूब खपते हैं।

एक और उदाहरण पर्यटकीय भाषान्तरण का हम यहाँ प्रस्तुत करते हैं। आप अमेरिका के बोस्टन नगर के बारे में कुछ वर्णन यात्रियों को बता रहे हैं। आप का मूल पाठ अंग्रेजी में है वह इस तरह है।

For an outsider this is hard to understand while Boston no longer holds the cultural High ground and cannot Match the sheer Magnitude of New York it retains a unique position among American cities" जर्मन में "For Aubenseiter ist das schuer zu versetehen obwohl Boston nicht Mehr Kultureller Metelpunkt ist und schon allein der shieren GroBe New yourk Kanm Paroli bieten Kann, Nimnt die stadt doch eimen linzigartigen platz unter den stadten Amerikas eim.

इस तरह के पदबन्ध और वाक्यांश पर्यटन के दौरान अक्सर आयेंगे और उनकी शब्दावली को भिन्न भिन्न भाषाओं में समझ लेना चाहिये।

5. हम अक्सर देखते हैं कि बाजार में चीजों को वेचने वालों के बीच में भाषान्तरण की ज़रूरत होती है। वे दवाइयां बेचते होंगे या कलात्मक पदार्थ बेचते होंगे। यहाँ भाषान्तरकार का उत्तरदायित्व ग्राहकों को आकृष्ट करने का होता है। वह उतना ही नाटकीय बन सकता है जितना कि मूल वक्ता होता है। **यहाँ पूरी उत्तेजना, जोश व अपील के साथ भाषान्तरण करना पड़ेगा बल्कि यों प्रतीत होना पड़ेगा मानो वही मूल भाषण कर्ता हो।** भारत के महानगरों में हिन्दी जाननेवाले होते तो हैं पर अधिकतर लोगों को आकृष्ट करने के लिए, विशेषकर भारत के दक्षिणी आंचल में हिन्दी तमिल, हिन्दी तेलुगु आदि भाषान्तरण क्रम इस प्रकार के बाजारू व्यापारियों ने अपनाया है। यहाँ एक उदाहरण दिया जाता है। अनेक प्रकार की जड़ी

बूटियों और देशी पदार्थों से बना लेह्य या काषाय बेचने वाले होते हैं। उनमें से एक के हिन्दी वक्तव्य और उसके तमिळ भाषान्तरण यहाँ प्रस्तुत है।

"मद्रास के मेहरबान, मैंने आपके शहर के बारे में बहुत सुना है। यहाँ अच्छे लोग हैं पर लगड़े लोग बहुत कम हैं, है न ! क्या बात है? अजी मैं जानता हूँ। आपने बाबा हिमालय वाले का नुस्खा अपनाया नहीं। आपको यकीन न होगा"।

"पेरिय मनुंषगले, मद्रासीन मुख्यमानवर्गले। उंगल ऊर पट्रि एनक्कु तेरियुम। नल्ल वर्गल आनाल आरोगियम कुरैन्दवर्गले, एन, नान अरिवेन नींगल बाबा हिमालयवालाविन धातु पुष्ठियै उण्डदिल्लै, एन्नै नम्बुंगल"।

चार चार पंक्तियों में एक बार मूल भाषणकर्ता रुकता है और भाषान्तरकार उसी ज़ोर से बोलता जाता है। यहाँ स्थानीय माहौल के मुताबिक शब्दों में हेर फेर किया जा सकता है।

6. भाषान्तरण प्रस्तुत करने को अनिवार्यता आइ.आइ.टी. जैसी बड़ी संस्थाओं में विज्ञान सम्बन्धी विषयों पर प्रोफेसरों के भाषण जब होते हैं तब भी पड़ती है। सभी प्रोफेसर अंग्रेजी जानने वाले होते नहीं, विषय ज्ञान की गरिमा के कारण उन्हें आमंत्रित किया जाता है। वेर्न कन्वेन्शन (Berne Convention) 1948 की हिदायत के अनुसार इसके लिए भाषान्तरण अपेक्षित विषय में पूर्वज्ञान रखनेवाले भाषान्तरकार का चयन किया जा सकता है। **(The interpreter should be fully conversant in the subject Preferably holding primary qualification) भाषान्तरकार को कुछ समय बैठकर मूल भाषणकर्ता से जान लेना चाहिये कि वे क्या बोलने वाले हैं।** यदि उनके पास कोई लिखित सामग्री हो तो उसे पढ़ लेना चाहिये। परिच्छेदों में जहाँ मौखिक प्रस्तुतीकरण सम्बन्धी चिन्ह जैसे, पूर्ण विराम, अर्ध विराम, पदबन्ध विराम आदि दिये गये हैं तो उनपर ध्यान देना चाहिए। विश्वभर में एक ही तरह के पूर्ण विराम चिन्ह का प्रयोग नहीं होता है। कहीं बिन्दु, कहीं छोटी खड़ी रेखा और कहीं छोटी लेटी रेखा का प्रयोग होता है। परिच्छेद के प्रत्येक भंजन (विराम, कामा चिन्ह आदि) को देख लीजिये। काव्यात्मक प्रस्तुतीकरण की तरह कहीं कहीं वाक्य निर्माण क्रम को बाधित

करनेवाला प्रस्तुतीकरण प्रोफेसरों के विज्ञान विषयी भाषणों में होता है। याद रखें कि भाषान्तरकार फुटबाल खेल के क्वार्टर बैक की तरह होता है। फुटबाल क्वार्टर बैक अपने विरोधी दल के बैकफील्ड को जल्दी देख लेता है। अति त्वरित ध्यान से उस दल के फुलबैक, हाफ बैक, क्वार्टर बैक और छोर को देख लेता है। तभी वह अपना आक्रमण शुरु करता है। इसी तरह भाषान्तरकार को भी तेजी से विषयानुकूल शब्द क्रम का मन में बिम्ब बना लेना चाहिये। यहाँ हम जर्मन मुद्रण अगुआ जोहानेस गुटेनेबर्ग के एक कल्पित भाषण के अंश का जर्मन भाषा से हिन्दी में भाषान्तरण व Bill gates (कम्प्यूटर विज्ञान अगुआ) के अंग्रेजी भाषण से एक अंश का हिन्दी भाषान्तरण प्रस्तुत कर रहे हैं।

Gutenberg : Der Buchdruck war eine meiner Nebenbeschaftigungen, Eigentlich war ich Goldschmied. Bei Gott, was fur Kostliche Geschmeide habe ich gemacht. Nach So Kniffeligen Dingen wie dem VerschulB eines Halsbands oder einem Siegering kam mir die Technik der beweglichen Lettern wie ein Spiel. vor. Man hat die Buchstaben in Stempel aus gehartetem stahl graviert das war ein altbekannter Vorgangund sie dann in Kupfermatrizen eingeschlagen und mit Mischung aus Blei, Zinu und Antimon die Lettern gegossen. Die schwierigkeit-und mein geistesblitz bestand in der verstellbaren Gubform ans Zwei L-for-nigen Teilen, ihr Versteht, die Buchstalen Sind nicht allegleich breit, aber es Kam daranf an, daB die einzelnen Lettern gleich hoch und vor allem gleich tief Waren-Sonst Ware das Druckblid hoffnungslos ungleichmaBig geworden.

भाषान्तरण "मुद्रण मेरा मुख्य पेशा नहीं था। मैं एक सुनार था, कितना अच्छा काम मैं किया करता था। एक अंगूठी के जटिल घुमाव फिराव या गले के हंसिये का जोड़ बनाते रहने के बाद मुद्रण के टाइप बनाने की टेकनालाजी बच्चों का खेल लगता था। कड़े किये गये इस्पात पर छेद उत्कीर्ण करना-यह पुरानी पद्धति और फिर उसमें तांबे के मैट्रिस खोदना और उसमें

टाइप द्रव डालना-टाइप द्रव जो टिन व जिन्क मिले सीसे का बना और फिर सबसे कठिन भाग एडजस्ट करने लायक मोल्ड जो दो L आकार के खण्डों से बना था। वाक़ई यह प्रतिभा का एक चमत्कार था। अक्षर आप पहचानेंगे एक ही आकार नहीं पर टाइप के खण्ड एक ही ऊँचाई और सघनता को होते हैं वरना स्याही से उभरने वाली छाप ठीक नहीं होगी।

आप पहचानेंगे कि जर्मन मूल की बहुत सी बातें संक्षिप्त कर दी गयी है और इसलिए हिन्दी में इनका भाषान्तरण स्पष्ट नहीं है। संक्षेप में भाषान्तरण होगा।

"मैं एक सुनार था, मुद्रण क्षेत्र में आ गया। सुनार की सारी कारीगरी को मुद्रण में उतारने का प्रयास किया और सफल हुआ।" हाल ही में 5-03-1997 को जब कम्प्यूटर सम्राट Bill gates बिल गेट्स नई दिल्ली आये उनके एक भाषण का भाषान्तरण हिन्दी से किया गया जो इस प्रकार है।

Question : How have letters survived your computer revolution.

Gates : Merely as a human convenience. The computer don't use them, they talk to themselves and do each other in 'bits' the smallest possible unit of information. A bit is the presence or absence of a pulse of electricity in an instant of time, or else the presence or absence of a static electricity in a memory device. Does not sound like much, but they add up to build a web of input and output as they move around through systems of built in switches called funnily enough gates. It is hard to explain and you cannot see it without a Microscope but believe me, it works".

हिन्दी भाषान्तरण इस प्रकार है।

प्रश्न : आप की कम्प्यूटर क्रान्ति के युग में अक्षरों का महत्व क्या है।

गेट्स : बस, मानव सुविधा के साधन, मात्र कम्प्यूटर उनका उपयोग नहीं करते हैं। वे आपस में बातचीत करते हैं और वह भी 'बिट्स' में।

बिट्स सूचना का लघुतम खण्ड है। किसी क्षण बिजली की उपस्थिति या अनुपस्थिति बताने वाला या स्मृति उपकरण में स्टैटिक बिजली का चार्ज है। लगता है कि कुछ नहीं पर काफी इनपुट और आउटपुट के जोड़ हैं ये 'गेट्स' से सिस्टम में आते जाते रहते हैं। 'गेट्स' नाम विचित्र लगता है। इसका स्पष्टीकरण कठिन है और माइक्रोस्कोप से ही देख सकते हैं पर विश्वास कीजिये। काम करता है बेशक।

आप पहचानेंगे कि यह भाषान्तरण बिना जटिल गुंफित विचारों में उलझे, तात्पर्य को बोधित कर देता है।

Gutenberg के कथन और गेट्स के कथन में भेद इतना था कि प्रथमोक्त ज्यादा बताना चाहते थे और द्वितीयोक्त पर्याप्त ही बताना चाहते हैं। प्रोफेसर जब विद्वत् सभा में अपने विषय पर बोलने की कोशिश करते हैं। तो दूसरे लोग इसके बारे में कुछ नहीं जानते हैं, यह धारणा उनमें रहती है। पर दुभाषिया में यह धारणा होनी चाहिये मानो उसे बहुत कुछ मालूम है। **इसी कारण जिस विषय का भाषान्तरण वह करने वालों है उसके बारे में पूर्वज्ञान के अर्जन की बात कारगर होती है।**

चीनी जैसी भाषा के प्रोफेसर जब भाषण देते हैं उनका भाषान्तरण काफी मुश्किल हो जाता है। एक शब्द है कियान जिसके करीब बीस अर्थ हैं जैसे, स्वर्ग, पिता, देना, लेना, प्रदान करना, समर्पित करना, त्यागना आदि। दूसरा शब्द है कून जिसका मतलब है धरती, माँ, भर लेना, गोद में रखना, प्राप्त करना, जमाना, पूरा होना, भीगा रहना आदि, ये दोनों मिलकर जब 'कियान कून' बनते हैं तो उसका अर्थ माता पिता निकलता है यद्यपि यह 'कून कियान' भी हो सकता है। हम यहाँ दो बुनियादी चीनी धारणाओं को भी स्पष्टीकरण के उद्देश्य से ले सकते हैं। ये हैं *li* और *gi*.

li (लि)का मतलब हो सकता है रूप, कानून, कारण, सिद्धान्त या दिव्यता पर इनमें से कुछ भी इस शब्द के सही अर्थ को नहीं बताता है अतः जब कोई प्रोफेसर इसका प्रयोग करता है तो अनुवाचक को उसे अनुवादित मूल रूप में ही बताना अच्छा होगा। उदाहरण के रूप में हांगकांग में 1986 में सम्पन्न Mathematical Philosophy सम्मेलन में प्रस्तुत भाषण का भाषान्तरण प्रस्तुत करते हैं।

"Throught heaven and earth there is li and there is gioli is the dao that organizes, all forms from above and the roots from which all things are produced Qi is the instrument of all forms from below and the tools and raw material with which all things are made. Thus man and all other things must receive this 'li' in the moment of their coming into existence and obtain their specific nature (xing they must also receive this qi in order to get their form (xing).

इन XING शब्द में उच्चारण भेद के साथ, दो अर्थों में प्रयुक्त हुआ है और xing शब्द भी दो अर्थों में प्रयुक्त हैं। इस शब्द का जो मूल अर्थ है वह अंग्रेजी में पूरी तरह परिग्राह्य नहीं है। जैसे संस्कृत के प्राण, रयि, पुण्य, परमात्मा आदि शब्द है जिन्हें अंग्रेजी में बताना मुश्किल है।

धर्म प्रचारक भी भाषान्तरकारों की सेवा की अपेक्षा रखते हैं। ईसाई धर्म प्रचारकों ने भारत तथा चीन, अफ्रीका आदि के देशों में, 'इस्कान' के धर्मप्रचारकों ने योरप और अमेरिका में भाषान्तरकारों के ज़रिये अपने विचारों को जनमानस तक पहुँचाने का प्रयास किया है। यहाँ कुछ उदाहरण दिये गये हैं।

Father Alex Smellie

As I know less about you, my Lord my love to you was limited and because my love was less, I could seek only less happiness. I was outside and you were within. I was in worldly possessions and you were part of the soul. You loved the divine and I lord the worldly. How could we become one (delivered at Almora U.P. in 1928)

इसका भाषान्तरकार द्वारा प्रस्तुत रूप देखिए-

मैं तेरी निस्वत बहुत कम जानता था, मैंने तुझसे हे खुदावन्द बहुत कम मोहब्बत की, और इसलिए कि मेरी मोहब्बत कम थी, मैंने बहुत कम खुशी हासिल की। मैं बाहर रहा और तू अन्दर, मैं दुनियवी चीज़ों में और तू रुहानी चीजों में। तेरी मोहब्बत आसमानियों से और मेरी ज़मीनियों से, तो फिर भला हम क्योंकर एक हो सके।

साल्ट लेक सिटी, यूटा, यू.एस.ए. में 'इस्कान' के आचार्य "चेतन पाद" द्वारा प्रदत्त भाषण और उसका भाषान्तरण "मैं दोहराता हूँ भगवान ही प्रेम है जैसे इंजल के 'जान' में बताया गया है "यदि हम एक दूसरे से प्यार करें तो भगवान हमारे भीतर रहने आते हैं और उनका प्यार हमारे भीतर पावन बन जाता है।"

I repeat God is love As it is said in John (Bible), if we love one another, God dwelleth in us and his love is perfected in us

यहाँ भाषणकर्ता तथा भाषान्तरकर्ता दोनों एक थे

इसी तरह ओरगान यू.एस.ए. में आचार्य रजनीश के खुद का भाषण और खुद का भाषान्तरण भी।

"प्रभुजी तुम चन्दन हम पानी। अब कैसे छोड़े नाम रतन को। राम नाम धन श्याम नाम शिव नाम सिमरता हूँ। प्रभुजी तुम स्वामी हम दासा ऐसे भगति करे हम रैदास सम"

Oh Lord you are fragrance and I am the water that has been made fragrant. How can I forget your name. you are in Ram. You are in Shyam and you are Lord Shiva. Oh Lord you are the Master and I am the servant. Thus do we love you like Raidas.

खेलकूद में कामन्टेरी में भी अक्सर भाषान्तरण की आवश्यकता पड़ती है इसमें मूल भाषणकर्ता के समान नाटकीय कथन शैली को अपनाना पड़ता है, कभी उत्तेजित, कभी शान्त, भाषा जैसे कभी सरिता की तरह पहाड़ से उतरती हो और कभी समतल में बहती हो। यहाँ 'पीले' नामक फुटबाल के खिलाड़ी के कलकत्ता में प्रस्तुत खेल का आँखों देखा वर्णन बी.बी.सी. द्वारा अंग्रेजी में प्रस्तुत प्रकार और समान्तर रूप में हिन्दी में प्रस्तुत भाषान्तरण सुनिये।

"Now he is after the ball, moving like a Meteor his feet off the ground and on the ground, twisting and turning, appearing to be almost flying and endless movement and the ball helplessly rolling"

भाषान्तरण :

"अब आगे आगे गेंद, पीछे "पीले गोया पी लिया" हो, तीर की तरह छूटता पैर ज़मीन पर कहाँ पड़े और कहाँ उठें, घूमते फिरते चंचल, चपल हमेशा उड़ते से, दो नहीं मानो अनगिनत पैर और बेचैन गेंद परेशान और परेशान हाँ"। **इस प्रकार के भाषान्तरण में भाषान्तरकार अपनी मौलिकता को थोड़ी बहुत आजमा सकता है।**

भाषान्तरण के अनेक स्वरूपों में फिलहाल लुप्त स्वरूप में चलचित्र भाषान्तरण का उल्लेख करना पड़ेगा। विश्व भर में हालिवुड की धाक जब जमी हुई थी तब योरप में सन् 1930 से 1950 ईसवीं के दौरान अंग्रेज़ी के चलचित्रों के प्रदर्शन के समय लाउडस्पीकरों से जर्मन, फ्रांसीसी, स्पैनिस, रूसी आदि भाषाओं में संवाद का भाषान्तरण प्रस्तुत किया जाता था। बाद में "सब टाईटिल" मुद्रण ने इस काम को ले लिया। A million and one nights : A History of the Motion Picture through 1925 मैं Terry Ramsaye कहते हैं। "How did they address themselves to the problem of comprehension? well moving pictures are self fulfilling. They interpreted the pictures and substituted their words; The pictures were brought home in their languages" हिन्दीः समझ की समस्या का हल कैसे किया। चलते चित्र अपने आप में पूरक है। उन्होंने चित्रों का स्पष्टीकरण किया और अपने शब्दों में कहा। उनकी भाषाओं में चित्रों के तात्पर्य स्पष्ट किये गये।" तमिलनाडु में जब हिन्दी के चलचित्र चौथे पाँचवें दशक में (1930 से 1950) के बीच की अवधि में प्रदर्शित किये जाते थे तब थियेटरों में परदे के पास दोनो तरफ दो आदमी या एक आदमी और औरत खड़े हो जाते थे और हिन्दी के डयालोग को तेलुगु या तमिल में भाषान्तिरत किया करते थे। ऐसी व्यवस्था तमिलनाडु व आन्ध्रप्रदेश के इन थियेटरों में थी। तिरुच्चि के राजा टाकीज़, कांचीपुरम के कण्णन टाकीज़, पांडिच्चेरी के कमर्शियल सिनिमा, विजयवाडा के मारुति

सिनिमा, राजमहेन्द्री, काकिनाडा, विशाखपट्टणम व मचिलीपट्टणम के मिनर्वा टाकीज़, नेल्लूर के विनायक सिनेमा आदि। तमिलनाडु के ऐसे भाषान्तरकार कृष्णस्वामी और विनायक राम थे और आन्ध्र में चलपति राव और अडबाल वेंकटराव थे। प्रदर्शित होने वाले हिन्दी चलचित्रों का विज्ञापन छोटे-छोटे कस्बों में बैल गाड़ी में लाउडस्पीकर द्वारा हिन्दी के गानों के तमिल, तेलुगु आदि में भाषान्तरण के साथ प्रस्तुत किया जाता था। कुछ उदाहरण नीचे दिये जाते हैं।

"किसमत" चलचित्र का गाना : "आज हिमालय की चोटी से फिर हमने ललकारा है, दूर हटो दुनियावालो हिन्दुस्तान हमारा है।" तमिल में : इन्रु इमयमलैयिन उच्चियिल इरुन्दे नांगल कूविडुवोम दूरप्पो दूरप्पो उलगत्तोरे इन्दिया एंगलदु"

"अलबेला" नामक चलचित्र का गाना : धीरे से आजा री अखियन में निन्दिया आजरी आजा, धीरे से आजा

तमिल में : मेल्ल नी वा वा एन कण्गलिले तुयिले मेल्ल नी वा वा, मेल्ल नी वा वा

अनेक चलचित्रों में अंग्रेज़ी पात्रों को अंग्रेज़ी बोलते और दुभाषिये द्वारा उसका अनुवाद प्रस्तुत होते देखा है। एक उदाहरण बी शान्ताराम की फिल्म नवरंग का है। दूसरा उदाहरण तमिल में कण्णदासन का "शिवगंगै सीमै" है। इससे एक उदाहरण।

वेल्श : Mr. Udayanar, if your deeds are equal to your words. I shall make you to wear the crown of sivaganga

(तमिल में) "इदै नीर शेयूदु काट्टिनाल उम्मै पाराट्टुवेन, शिवगंगै मुडियै उमक्कु शूट्टुवेन"

विचारों के संप्रेषण के लिए भाषान्तरण अत्यन्त आवश्यक है। हर बार जब आप मुँह खोलते हैं और शब्दों का उच्चारण करते हैं आपकी प्रतीक्षा रहती है कि लोग उसे समझे। एक ही भाषा में हो तो आप स्पष्टीकरण का आश्रय लेते हैं। यदि श्रोता की भाषा भिन्न हो तो कभी आप ही दूसरी भाषा में वोलने लगते हैं या किसी भाषान्तरकार की सहायता का आश्रय लेते हैं।

ऐसी जरूरत कदम कदम पर पड़ती रहेगी। हमने पिछले पन्नों में कुछ आम अवस्थाओं का उल्लेख किया। भाषान्तरण को सरल बनाने की विधियाँ सुझायीं। हर स्थिति अक्सर अपने में अनूठी हो सकती है और इन विधियों के मार्जन, परिशोधन व परिवद्र्धन आदि की आवश्यकता पड़ सकती है।

भाषान्तरण का सैद्धांतिक पक्ष

भाषान्तरण के सैद्धांतिक पक्ष से हमारा तात्पर्य निर्वचन के रूप से है। 'निर्वचन' स्वयं में क्या है? इसे हम निर्वचन कला की शास्त्रीय भूमिका भी कह सकते हैं। यह अभिव्यक्ति का ज्ञानात्मक पक्ष है। तात्पर्य यह है कि दो भाषाओं की बाह्य भिन्नताओं की तह में जाकर मानवीय अस्तित्व के समान तत्वों को प्रकट करना। विश्व के विभिन्न भौगोलिक खंडों में संस्कृति का जो विकास हुआ है वह दुभाषिया की भूमिका निभाने वालों के माध्यम से ही हुआ है। प्राचीनकाल की संस्कृतियों के विकास में अनुवाद की महत्त्वपूर्ण भूमिका मानी जाती है किन्तु विचारणीय बात यह है कि अनुवाद करने वालों से पहले यह चेतना फैल जाती है, वह कैसे ? इसके जवाब में कहा जा सकता है कि भाषान्तरण के चलते। संस्कृति-सभ्यता की प्रगति वस्तुतः भाषान्तरण रूपी धुरी पर निर्भर होती है।

भारत जैसे बहुभाषा भाषी देश में तो भाषान्तरण की उपादेयता स्वयंसिद्ध है। जब हम भाषान्तरण कला के सिद्धान्तों पर विचार करते हैं तो पाते हैं कि अनुवाद सिद्धान्तों के अधिकांश गुण भाषान्तरण पर भी लागू होते हैं। जैसे-अनुवाद में अनुवाद की प्रक्रिया की बात आत्मा के परकाय प्रवेश की प्रक्रिया से की जाती है वही सिद्धान्त भाषान्तरण करते वक्त भी लागू होती है।

2. अर्थ सम्प्रेषण की प्रक्रिया में यथा संभव अर्थ को बनाये रखते हुए अन्य भाषा में अन्तरण करना यदि दुभाषिया का धर्म है तो अनुवाद करते समय अनुवादक का भी यही धर्म है। इस संदर्भ में डा.

जॉनसन की प्रसिद्ध परिभाषा उल्लेखनीय है–"अनुवाद का तात्पर्य है अर्थ को बनाये रखते हुए अन्य भाषा में अन्तरण करना।"

कहा जा सकता है कि भाषान्तरण प्रायोगिक भाषा की व्यावहारिक स्थिति है जो अनुवाद के सिद्धान्तों पर तो चलती है किन्तु अनुवाद नहीं कहलाती।

निर्वचन के सिद्धांत

निर्वचन के कुछ सिद्धांत हैं, मूल में जो बात बतायी गयी है उससे न तो कुछ अधिक कहा जाय और न ही कुछ कम। अभिव्यक्ति पत्र में अर्थ की अतिव्यप्ति अथवा अल्पव्याप्ति न हो। शैली प्रधान सामग्रियों के संदर्भ में कला-पक्ष के संबंध में कुछ छूट उपलब्ध है।

तथ्य प्रधान सामग्रियाँ के संदर्भ में खासकरके अधिनियम, नियम, उपविधि जैसे विपरक सामग्रियों के संदर्भ में निर्वक्ता को काफी सावधानी बरतनी चाहिए। विधि, नियम अधिनियम जैसे विधिपरक साहित्य के प्रारूपकार का प्रयत्न यही होता है कि वैसे साहित्य की भाषा क इस प्रकार बांधे कि उसका एक ही अर्थ निकले। भाषा की सीमाओं को देखते हुए यह सदैव संभव नहीं होता।

भाषा की सही पकड़

मामूली बात की अभिव्यक्ति में भी अनेक अर्थ निकालना संभव है। उदाहरण के लिए यह छोटा सा वाक्य लें :-

"यह राम का चित्र है"

इसके तीन निर्वचन हो सकते हैं यथा-

(i) इस चित्र में अंकित मूर्ति राम की है।

(ii) इस चित्र का मालिक राम है।

(iii) इस चित्र को बनाने वाला राम है।

मामूली विषय के **संदर्भ में** ही ऐसी बात हो, तो नियम, अधिनियम जैसे विधिपरक विषय के बारे में कहने की ज़रूरत ही नहीं। पाठ तैयार करते वक्त प्रारूपकार शब्द की परिभाषा देकर, विशेषण का प्रयोग करके और वाक्य रचना विशेष प्रकार से करके प्रयत्न तो करता है कि उस पाठ का वही अर्थ निकले जो वह चाहता हो, सदभाव-पूर्वक सुनने वाला व्यक्ति या आदर्श निर्वक्ता वही अर्थ लेता है जो प्रारूपकार चाहता है, मगर दुर्भावपूर्वक पढ़नेवाला इसी कोशिश में रहेगा कि उसका निर्वचन भिन्न ढंग से हो जो कि प्रारूपकार का अभीप्सित न हो।

उपर्युक्त स्थिति से बचने के लिए विधिपरक साहित्य के संदर्भ में निर्वचन के कुछ सिद्धांत यों हैं :-

(i) जब किसी नियम/अधिनियम/उपविधि में किसी शब्द का प्रयोग किसी आमुक अर्थ में होता है तो उस शब्द का उस नियम/अधिनियम/उपविधि भर वही अर्थ होगा।

(ii) निर्वचन के लिए साधारणतया, "साधारण खंड अधिनियम 1897 (1897 का 10वाँ) (General clause Act 1897) (10 of 1897) का अवलंब लिया जाता है, इस अधिनियम में बहुत से ऐसे शब्दों की परिभाषा दी गयी है जिनका बार बार प्रयोग विधिपरक साहित्य में होता है। इसमें बताया गया है कि जहाँ "वर्ष" का प्रयोग किया जाता है वहां उसका अर्थ होता है ब्रिटिश कालेंडर के अनुसार संगणित वर्ष। उसी प्रकार जहां "व्यक्ति" का प्रयोग होता है वहां उस शब्द के अंतर्गत कोई कंपनी, या संगम, या व्यष्टि निकाय चाहे नियमित हो या नहीं, आएगा।

(3) उक्त सामान्य खंड अधिनियम 1897 (General clause Act 1897) की धारा 13 के मुताबिक सब केन्द्रीय अधिनियमों, नियमों विनियमों आदि में जब तक कि विषय में कोई बात विरुद्ध न हो, (i) जाएगा कि पुलिंगवाचक शब्दों के अंतर्गत स्त्रीलिंग आएगा तथा

(ii) एक वचन शब्दों के अंतर्गत बहुवचन और बहुवचन शब्दों के अंतर्गत एकवचन आएगा। इसलिए विधि साहित्य का निर्वचन करते समय सामान्य खंड अधिनियम 1897 (General clause Act 1897) की सहायता लेना जरूरी है।

वैसे हर नियम अधिनियम आदि में संदिग्धार्थता से बचने के लिए प्रारंभ में ही कुछ शब्दों, पदों, आदि का अर्थ परिनिश्चित करने की दृष्टि से उनकी परिभाषा दी जाती है। निर्वचन करते समय निर्वक्ता को इस पर ध्यान देना ज़रूरी है।

अनुवचन या वार्तानुवाद

ऊपर जो भी बातें निर्वचन के बारे में बतायी गयी हैं वे सब लिखित सामग्रियों के संबंध में है, लेकिन कभी-कभी ऐसी परिस्थिति भी आ सकती हैं जिसमें दो भिन्न-भिन्न-भाषा भाषी आपस में बात करते होंगे और उनके बीच तीसरा व्यक्ति उनकी बातों का अनुवाद करके एक दूसरे को समझाता रहेगा। हम इतिहास में पढ़ते हैं कि सिकंदर, पोरस की वीरता से मुग्ध होकर उनसे पूछते हैं कि "मैं तुम से किस प्रकार का बर्ताव करूँ?" तुरंत पोरस निर्भीक भाव से जवाब देता है कि "एक राजा दूसरे से जैसे करेगा, वैसा" यहां सोचने की बात यह है कि सिकंदर ने पोरस से किस भाषा में यह प्रश्न पूछा होगा और पोरस ने किस भाषा में उत्तर दिया होगा। निश्चित रूप में दोनों ने अपनी अपनी भाषाओं का प्रयोग किया होगा और दुभाषिये की सहायता से एक दूसरे की बात समझ गये होंगे। यह भी एक प्रकार का निर्वचन है। यह अनुवाद भी है। आजकल राजनीतिक सभाओं, आम बैठकों में जब भी आशुभाषण होता है तब दुभाषिये की सहायता लेकर

अनुवाद कराने की प्रथा खूब चल रही है। इसको आशु-अनुवाद अथवा अनुवचन कहा जा सकता है। डॉ. भोलानाथ तिवारी जी "अनुवाद विज्ञान" में कहते हैं कि "दुभाषिये (Interpreter) द्वारा किये जानेवाले अनुवाद को किसी अन्य अधिक अच्छे शब्द के अभाव में हिंदी में वार्तानुवाद की संज्ञा देना चाहूँगा।" तुरंत अनुवाद होने के कारण आशु-अनुवाद नाम भी उचित लगाता है। निर्वचन के उद्देश्य से वैसा अनुवाद शब्द के बिलकुल अनुकरण में है, जैसे भी कहें आशु-अनुवाद, या वार्तानुवाद या अनुवचन, वह भी एक प्रकार की निर्वचन प्रणाली है।

अन्य प्रकार के निर्वचन से अनुवचन या वार्तानुवाद या आशुअनुवाद बिलकुल भिन्न है। इसका अपना महत्व है। इस संबंध में एक ही बात उल्लेखनीय है कि किसी लिखित सामग्री के निर्वक्ता की भांति दुभाषिये को वार्तानुवाद के लिए इतना समय नहीं रहता कि वह देर तक सोच सके या अपेक्षित कोश आदि संदर्भ ग्रंथ देख सके, इसलिए वार्तानुवाद या अनुवचन कभी-कभी सटीक की तुलना में कामचलाऊ अधिक होता है। आशुभाषण का सार मात्र आशु-अनुवाद या अनुवचन में हो सकता है।

दुभाषिया चूंकि महत्वपूर्ण राजनैतिक आर्थिक एवं सांस्कृतिक वार्ताओं के सद्यः अनुवाद का कार्य करता है, इसलिए उसे अत्यधिक व्यावहारिक ज्ञान के साथ संबंधित राजनैतिक, आर्थिक तथा सांस्कृतिक समस्याओं का ज्ञान भी होना अनिवार्य है।

उदाहरण के तौर पर भारत के अंतर्राष्ट्रीय फिल्म समारोह की चर्चा चल रही है और मुख्य अतिथि भाषण दे रहे हैं तो आप उसे अपनी प्रान्तीय भाषा में कैसे कहेंगे।

यह एक कटु सत्य है कि "सारा आकाश" "भुवन शोम" और "परिणय" से सार्थक सिनेमा की जो लहर आई थी वह पिछले दशक में बहुत धीमी पड़ गई। और अब तो लगता है कि इस तरह का सिनेमा, पर्दे पर लोप होता जा रहा है।

सब छात्राओं को यह बताया जाता है कि पुस्तकालय की पुस्तकें समय पर लौटायी जाए। जब आप पुस्तकें लेते हैं तो उस पर लौटाने की तिथि लगायी जाती है। आपको उस नियम तिथि को ही पुस्तकें लौटानी अनिवार्य हैं अन्यथा प्रतिदिन हर पुस्तक के लिए 2/- जुर्माना भरना होगा। वे पुस्तकें जो केवल दो सप्ताह के लिए ही दी जाती हैं इन पर प्रतिदिन 4/- जुर्माना भरना होगा।

यह शोचनीय स्थिति इस लिए नहीं हुई कि इस तरह की फिल्म बनाने वाले नहीं है। फिल्म बनाने वाले तो हैं, पर वास्तव में इन फिल्मों को दिखाने वाले नहीं है। जहां तक निर्माता का प्रश्न है एक जमाना ऐसा था जब सार्थक, कलात्मक एवं लीक से हट कर बनने वाली फिल्मों के लिए सरलता से पूंजी नहीं मिल पाती थी। फिल्म वित्त निगम और राष्ट्रीय फिल्म विकास निगम की स्थापना के बाद यह कठिनाई बहुत सीमा तक दूर हो गई। परिषद ने कितनी ही अच्छी फिल्मों के निर्माता के लिए पूंजी उपलब्ध कराई।

इस तरह के नेक काम में विभिन्न राज्यों में गठित चलचित्र विकास निगमों ने भी कर्ज और अनुदान देकर फिल्म निर्माण में सहयोग दिया। "कोडूंरा", "सूखा" और "सतह से उठा आदमी" जैसी फिल्में राज्य सरकारों द्वारा संचालित फिल्म विकास निगमों ने ही बनवाई।

इस निर्माण कार्य को प्रोत्साहित करने के लिए विगत कुछ वर्षों में दूरदर्शन के रूप में एक और संगठन सामने आया। राष्ट्रीय फिल्म

विकास निगम नेऔरों को सरल शर्तों पर कर्ज देकर फिल्में बनवाई। स्वयं भी "मिर्च मसाला" और "मैसी साहब" जैसी फिल्में बनाई। दूरदर्शन ने "डैडी", "बाघबहादुर" और ""थोड़ा सा रूमानी हो जाए" जैसी फिल्मों का निर्माण कराया।

इतना सब होने के बाद भी सार्थक सिनेमा का आंदोलन व्यापक होने के बजाय सिमट क्यों गया? इस का सबसे प्रमुख कारण है कि ये अच्छी फिल्में दर्शकों तक पहुंचती ही नहीं। यह एक सच्चाई है कि बासु भट्टाचार्य, बासु चटर्जी, श्याम बेनेगल, गोविंद निहलानी, कुमार साहनी, मणि कौल, मुजफ्फर अली, बुद्ददेव दास गुप्ता, एम.एस.सथ्यु और गौतम घोष जैसे जागरूक निर्देशकों की कृतियां आज भी डिब्बों में बंद रखीं हैं। ये वे फिल्में हैं जिन्होंने भारतीय फिल्म कला को निखारा, संवारा और अंतर्राष्ट्रीय प्रतिष्ठा दिलाई है।

(मान लीजिए आप ब्रिटीश कौसिल लाइब्रेरी में काम करते हैं और पुस्तकालय अध्यक्ष आपको कहता है कि पुस्तकों की वापसी के नियम छात्रों को बताओ और आपको एक कागज का टुकड़ा देता है तो आप कैसे कहेंगे)

Return of books

Borrowed books are to be returned on or before the due date stamped on the issue label. An overdue charge at the rate of Rs.2/- per book per day will be charged on any book returned after the due date. The overdue charge on reserved books, which are issued for twp weeks only, is Rs.4/- per day.

6. हिन्दी में कैसे कहेंगे

Duplicate Identity Cards

Please report the loss of identity cards immediately to the Regional Librarian. Duplicate identity cards can be issued on payment of Rs.50/- for individual members and Rs.200/- for Institutional members.

Information on British commercial organisations, industries, books and other information products can be accessed through a range of trade directories held in our reference collection. Commercial databases (Financial Times-Profile and CD RoMs) available in the network facilitate the retrieval of complete text from business newspapers and magazines.

Information on British books

The Library promotes awarness of British Books through exhibitions and through the development of contacts between the Indian and British book trade. Information will be provided on request on Brirish publications from the CD-roM databases BOOK-FIND and BOOKBANK available in the library, Book advantage of this opportunity.

हिन्दी में कैसे कहेंगे-

The illustrious careers of five eminent film personalities ended last year. They were Shantaram, S. Mukherjee, Shankar Nag, Arundhati Devi and Manmohan Krishna. In the 22nd International Film Festival, a separate section was dedicated to them, and their contributions were remembered by theirfamily members and friends at a simple function held at Kalaivanar Arangam.

Smt. Deepak Sandhu, Director of Film Festivals, welcomed the gathering and introduced the speakers to the audience. Shantaram's son, Shri. Kiran Shantaram informed that when his father had completed 50 years in films' direction, it was the South Indian Film Chamber of Commerce which first felicitated him. His last wish was to see that his films were transferred into video and that wish was being fulfilled.

Smt. Manmohan Krishna said that they had only one son, but her husband used to treat all his workers as his sons.

Shankar Nag's close associate Shri. C.V.L. Shastri told the audience that the premature death of Shankar Nag had created a vacum in the Kannada film industry. Shankar Nag had acted in 85 films and died at the age of 36.

S. Mukherjee's son, Shri. Rono Mukherjee said that his father was a simple but a very disciplined person. He practised Yoga regularly.

Speaking about Arundhati Devi, Shri. Ranjan Bose said that she was a wonderful artiste and was one of the most liked personalities in her time.

Smt. Deepak Sandhu proposed the vote of thanks.

The function concluded with the screening of Shankar Nag's film ***Ondanondu Kaladalli directed by Shri. Grish Karnad.***

वाणिज्य–व्यापार :-

इन क्षेत्रों के लिए आवश्यक अनुवाद के प्रकार हैं जिनमें व्यापार, उद्योग-धन्धे, फिल्म, विज्ञापन, मिडिया, बैंक, विमानपत्तन, पर्यटन आदि समाहित हैं। ग्राहक को जहाँ किसी माल तथा उत्पादन की ओर आकर्षित करना हो तो कई भाषाओं में विज्ञापन एवं प्रचार सामग्री बन जाती है। यहाँ भाषा की अपनी शैलियाँ होती हैं जिसे दुभाषिया समझता है।

व्यावसायिक क्षेत्र में जब दो भिन्न-भाषा भाषी क्षेत्रों में संस्थाएँ व्यापारिक गठबंधन कर रही हों तो दुभाषियों की भूमिका महत्वपूर्ण हो जाती है क्योंकि ये व्यापारिक सौदा तय करना है। वहाँ वह केवल भाव नहीं देता। एक-एक शब्द को अर्थ स्पष्ट बतलाता है तभी व्यापार संभव हो सकता है।

व्यावसायिक भाषान्तरण प्रमुख रूप से तकनीकी प्रकृति लिये होता है और इसकी व्यापकता को देखते हुए कहा जा सकता है कि इनकी भाषा शैलियाँ, प्रयुक्तियाँ परस्पर भिन्न होने के कारण विशेष प्रशिक्षण प्राप्त दुभाषिया ही सफल हो सकते हैं विज्ञापन तथा फिल्म डबिंग करते वक्त भी दुभाषिया की अभिव्यक्ति उसके कार्य की प्रामाणिकता अनिवार्य है। क्योंकि ये क्षेत्र व्यावसायिक हैं अतः फिल्म डबिंग में ध्वनि चित्र-समयोजन कार्य। दोनों भाषाओं में एक है। तथ्य को अभिव्यक्ति देते समय शैली पर ध्यान रखना पड़ता है। व्यावसायिक क्षेत्र में विशिष्ट शब्द, अभिव्यक्तियाँ आदि दुभाषियों के लिए समस्याएँ उत्पन्न करती हैं। बहुराष्ट्रीय कम्पनियों एवं सयुक्त राष्ट्र संघ युनेस्को, विश्वबैंक आदि अन्तर्राष्ट्रीय संस्थाओं एवं अन्तर्राष्ट्रीय फिल्मोत्सवों के कारण व्यावसायिक भाषान्तरण को प्रमुखता प्राप्त हो रही हैं।

सूचना एवं दूरसंचार-संचार माध्यमों में भाषान्तरण

सूचना-संचार माध्यमों में भाषान्तरण की सबसे बड़ी मांग है। आजकल हिन्दी सीरियल भिन्न-भिन्न प्रान्तों में प्रान्तीय भाषाओं में दिए जा रहे हैं। यहाँ द्विभाषियों की भूमिका चुनौतीपूर्ण तथा जोखिमों से भरी रहती है क्योंकि यह सामग्री करोड़ों दर्शक श्रोताओं के पास पहुँचती है। इसलिये इसे सहज एवं उपयुक्त होना चाहिए।

मेरी भाषा तुम्हारी संस्कृति

जब हम किसी भाषा को दुभाषिये की सहायता से भाषान्तरण करवाते हैं उदाहरण के तौर पर भारत में अंग्रेजी तथा तमिलनाडु में हिन्दी - उस वक्त यह जानकारी होती है। कि भाषा में कितने हेर फेर करने पड़ते है। उसको वोलने के तरीके, बोलचाल में भिन्नता, उच्चारण में भिन्नता। क्योंकि संस्कृति का संदर्भ उसके साथ जुड़ा होता है।

मान लो तमिलनाडु से आये हुए व्यक्ति इलाहबाद के किसी रिक्शे में बैठे हों और बारिश बंद हो जाए तो वह रिक्शे वाले को कहेंगे छत ऊपर डाल दो या नीचे डाल दो किन्तु ये नहीं कहेंगे कि रिक्शे की छत ऊपर कर दो या नीचे कर दो।

एक प्रदेश या प्रान्त के व्यक्ति जिस ढंग से बोलते हैं वे उनका बैयक्तिक लहजा भी होता है।

भाषान्तरण में समस्याएँ पैदा करने वाली शब्दावली

1. पारिवारिक शब्दावली (क) रिश्तेदारी के बाद
   (ख) संयुक्तपरिवार से संबंधित शब्द
2. सामाजिक शब्दावली - सामाजिक-सांस्कृतिक शब्द भौगोलिक परिवेशगत शब्द वस्तुओं से संबंधित शब्द
3. व्यावसायिक शब्दावली - विभिन्न क्षेत्रों की शब्दावली
   1. इस्पात
   2. लकड़ी
   3. बर्तन
   4. निर्माण कार्य
   5. उत्पादन कार्य
   6. विभिन्न पेशों से संबंधित

4.	आर्थिक एवं बाजार	-	नाप - तौल आंकडे
5.	धार्मिक शब्दावली	-	विभिन्न धर्माव लम्बी धर्म स्थलों से व्रत, त्योहार, पर्व, उत्सव देवी-देवताओं से संबंधित
6.	कला - शिल्प शब्दावली	-	कलाओं से संगीत नृत्य वास्तुशास्त्र से संबंधित वाद्य यंत्रों से संबंधित युद्ध कला... आदि से संबंधित

1. पारिवारिक शब्दावली:-

इस क्षेत्र के शब्दों को बोलते वक्त दुभाषिये को कठिनाई इसलिए होती है कि उसमें पूरी सामाजिक व्यवस्था होती है। सम्बोधन के शब्द, सम्पति के अधिकार, विवाह के रिश्तों में अन्तर होता है। उदाहरण के लिए तमिलनाडु में सास-ससुर को अत्तै - मामन कहा जाता है किन्तु हिन्दी में उसे सास -ससुर कहना होगा। केरल में मातृसतात्मक के कारण पहले सम्पति का अधिकारी भानजा-भानजी होती है। वे अपने मामा के साथ ही रहते हैं। विवाह भी मामा, भुआ आदि के पुत्र - पुत्री से हो सकता है। तथा इसी प्रकार हिन्दी के दादा, बाबा जैसे सम्बोधन भी मलयालम में नहीं होते। हिन्दी समाज में जैसे चाचा या चाची शब्द का प्रयोग बहुधा होता है। वैसे ही तमिल में मामा मामी का होता है। जवाहरलाल 'नेहरू चाचा' कहे जाते हैं, 'नेहरू मामा' नहीं। लेकिन मलयालम में इसका अनुवाद करते समय नेहरु मामन या नेहरू अम्मावन करना पड़ेगा और तमिल में नेहरू माम। इसी प्रकार हिन्दी प्रदेश में 'बहू' शब्द का प्रयोग कई प्रकार से होता है। नवब्याता के लिए पत्नी, के लिए सम्बोधन आदि के लिए।

भाषान्तरण की भाषा वैज्ञानिक समस्याएँ

1. व्यंग्यार्थ के भाषान्तरण की समस्याएँ
2. लोकबिंबों एवं आंचलिक प्रयोग की जानकारी से अनर्भिज्ञ
3. मुहावरों तथा कहावतों का प्रचलन
4. सामाजिक - सास्कृतिक भाषा के लहजों में
5. हास्य व्यंग्य की शैली
6. व्यंग्य प्रधान [विशिष्ट अभिव्यक्ति पर आधारित हास्य-व्यंग्य]
7. जब शब्द के एक से अधिक अर्थ या प्रयोग हों - नए आँख, रंग. शब्द को ही लें-

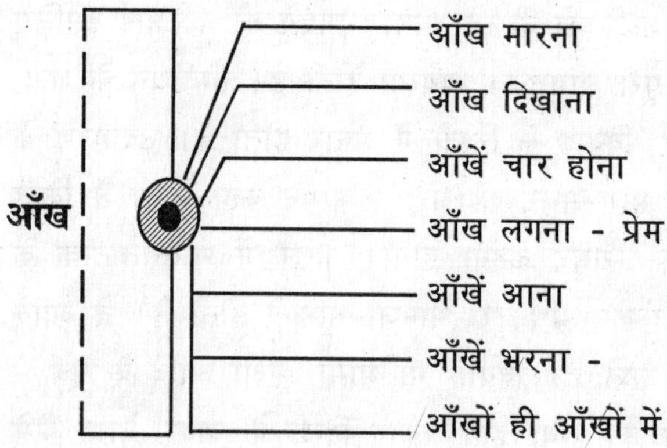

इस क्षेत्र में अपने को कैसे सक्षम बनाएँ

1. आर्थिक क्षेत्र में दुभाषिया को कितनी जानकारी होनी चाहिए?

अर्थशास्त्र देश की राजनीति और अंतर्राष्ट्रीय राजनीति का महत्वपूर्ण अंग है अतः राष्ट्रीय और अतंर्राष्ट्रीय अर्थव्यवस्था को जानना ही अनिवार्य नहीं अपितु सही शब्दावली का ज्ञान भी होना चाहिए।

अर्थव्यवस्था — अर्थव्यवस्था / अर्थव्यवस्था / अर्थव्यवस्था

मुद्रा बाजार — बाजार की पूर्व स्थिति

पूँजी बाजार — मौजूद स्थिति

वस्तु बाजार — पूर्व—वर्तमान और भावी

1. पंचवर्षीय योजना
2. राज्य राष्ट्रीय बजट का अध्ययन
3. अर्थशास्त्र के मौलिक सिद्धान्तों का ज्ञान
4. विश्व के मुख्य देशों की आर्थिक स्थितियाँ, नीतियाँ तीसरे विश्व के देशों पर पड़ने वाला प्रभाव
5. प्रभावित करने वाले कारक - रोजगार विदेशी ऋण कृषि नीतियाँ, उत्पादन, खपत, श्रम कानून, उपज, मंडी भाव, आवक, मांग।

राजनीति के क्षेत्र में

1. राजनीति में प्रयुक्त व्यंग्य / कटाक्ष
2. सत्ताधीश राजनीतिज्ञों के पुराने वक्तव्य, घोषणायें
3. राजभाषा / सरकारी भाषा की प्रयुक्तियाँ
4. राजनीति के क्षेत्र में बुलन्द नारे
5. शासकीय प्रतिवेदन विज्ञाप्तियों की भाषा

खेलों के क्षेत्र में

शब्दावली / प्रयुक्तियों का ज्ञान

- लांन टेनिस
- टेबल टेनिस
- क्रिकेट
- फुटबॉल
- बेडमिंटन
- तैराकी
- दौड़
- जिमनास्टिक
- पहलवानी
- एथलेटिक्स
- शतरंज
- अन्य

भाषान्तरण के विविध आयाम

- **अंतर्राष्ट्रीय स्तर पर विभिन्न राष्ट्रों के बीच**
  - राजनीतिक
  - आथिक
  - वैज्ञानिक
  - प्रौद्योगिक
  - तकनीकी
  - साहित्यिक
  - सांस्कृतिक
  - जनसंचार

- **राष्ट्रीय स्तर विभिन्न प्रांतों में**
  - राजनीतिक
  - आर्थिक / वाणिज्य
  - वैज्ञानिक
  - प्रौद्योगिक
  - साहित्यिक
  - सांस्कृतिक
  - जनसंसाचर
  - धार्मिक
  - नैतिक
  - सामाजिक

- **वाणिज्य - व्यापार**
  - फिल्म
  - पर्यटन
  - डबिंग
  - विज्ञापन
  - यातायात
  - कार्यसारीणी
  - बाजार व्यापार
  - स्टाक एक्सचेंज
  - खेल जगत

विभिन्न आयोजन तथा उनकी भाषा

1. राष्ट्रीय समारोह - [जिस देश के हैं उस देश की शब्दावली तथा प्रयुक्तियों का ज्ञान]

2. धार्मिक प्रवाह - हिन्दु, मुस्लिम, सिख, ईसाई, जैन, बौद्ध, यहूदी आदि उनके धर्म के शब्दों का ज्ञान

3. राष्ट्रीय शोक - शोक संवेदना वाली शब्दावली, प्रयोग आदि का ज्ञान।

4. विज्ञान - थलचर, नभचर, जलचर शब्दावली का ज्ञान

5. सांस्कृतिक क्षेत्र - नाना प्रकार के नृत्य, संगीत तथा वाद्यों की जानकारी।

6. कम्प्यूटरीकरण - विभिन्न क्षेत्रों में प्रयुक्त भाषा तथा प्रयुक्तियाँ।

दुभाषिया को अपने क्षेत्र की पूर्ण जानकारी होने पर वह भाषणकर्ता के शब्दों - भावों - विचारों को समझ पायेगा तथा भाषान्तरण प्रक्रिया के साथ न्याय कर पायेगा।

ध्यान दें:-

भाषान्तरण हो या अनुवाद कहीं न कहीं हम किसी एक भाव के साथ पूर्ण न्याय नहीं कर पाते। यह स्थिति सदा बनी रहती है।

1. मूल वक्ता जो कहना चाहता है। लक्ष्य भाषा में कुछ वाक्य शत-प्रतिशत नहीं आ सकते। ऐसी स्थिति में भावानुवाद से काम न बने तो वर्णनात्मक शैली अपनाएँ।

2. जब मूल शब्द समग्र अभिव्यक्ति का अभिन्न अंग हो तो उसकी व्याख्या प्रारम्भ में करते हुए कहें।

3. शब्द के अर्थ की बारीकी को समझें।

4. जहाँ हास्य-व्यंग्य किसी सामाजिक पृष्ठभूमि से युक्त अथवा श्लेषार्थी हो तो कहाँ से और कैसे प्रकट करना उचित होगा, सोच कर करें।

5. संवादों के भाषान्तरण में शब्दानुवाद की अपेक्षा लक्ष्य भाषा की सहजता को लक्ष्य में रखा जाए।

भाषान्तरण की शर्तें

1. वक्ता क्या कहता है?

2. उसका मन्तव्य क्या है?

3. वह कैसे कहता है?

✤ ✤ ✤

अभ्यास करें

<u>अभ्यास कीजिए:-</u> नीचे दी गयी स्थितियों द्वारा मान लीजिए आप इलाहबाद के दूरदर्शन पर किसी ऐसे विद्वान की इण्टरव्यू ले रहें हैं जिन्हें केवल अंग्रेजी आती है और वे अंग्रेजी में उत्तर दे रहे हैं आप उसी वक्त कैसे करेंगे ?

Question: Normally the Sabari Mala pilgrims seek the help of a Guruswaami. Is this absolutely necessary ?

Answer: Any holy pilgrimage undertaken with the immediate guidance of a Guruswamy is considered to be propitiate. Just as a Guru is needed to efficiently perform a work of art of learning, it is all the more applicable to a holy pilgrmage. Hindu vedas give a prestigious place to the Guru. Father and Mother produce the child. It is the Guru of initially the Guru aspects of the parents that mould the child as a man or woman of culture. The parents guide their wards to a guru and it is the revered Guru who teaches them about God and Divine Grace. So the Sabari Pilgrimage is best taken up with a Guru to conduct and guide and pilgrims.

Q: What is the significance of the *Maala* in Sabari Yaatra?

A: Before doing any important work one takes a sankalpam undertaking to complete the mission. Any mission started without a firm sankalpam does not conclude successfully. So also for the Sabari Yaatra wearing the Maala with Lord Ayyappa Naama is a sankalpa to invoke the blessings of Lord for the proper conducting of the Vrata (penance), fearless pilgrimage and having the Divine Darsan in all its splendour. This is the significance of the Maala.

Q:Why is the month of Margazhi chosen for Ayyappa Pilgrimage and Pooja despite the inconvenient chill?

A: Lord Krishna has Himself proclaimed that among the months, He is Margazhi. Moreover Margazhi is the month of Brahma Muhoortham for the Devas i.e., the dawn. To pray in the early dawn will assure progress. Andal's Thiruppavai is also chanted in the early dawn. Morning bath in chilly Margazhi, night sleep on plain floor are some practices to reduce the attachments to wordly pleasures.

Q: Why should those on Vratam give up shaving ?

A: When one forgets his physical self step by step his thoughts progress towards Divinity. To give up self-beautifying and dwell in Divine thoughts are some of the early steps. Deeksha also forms part of it.

Q: Generally Ayyappa Pooja or bhajans are very noisy. Is this part of the Pooja?

A: When persons claps, keep the beat and sing forgetting themselves, keeping their thoughts on the Almighty, the egoism and shyness to loudly chant God's name disappear. A mind without ego is the ready site for Lord to occupy. Secondly, just as the birds fly away if one claps his hands from below, so also our sins fly away from us as we clap and sing the song – says Bagavan Ramakrishna. Such involved singing to tune with drums and clapping should not be treated as a noisy show.

Q: Why is the slogan 'SWAMIYE SARANAM AYYAPPA' pronounced so loudly and in an elongated form ?

A: There is a lot of difference in saying 'Swamiye Saranam Ayyappa' in a short form and in an elongated form. The second one gives a lot of breathing exercise giving one some benefits as of doing Praanaayaamam. Secondly, in saying it there is a chance for one to be elated in the form of Lord Ayyappa. This can only be experienced. The joy and elation cannot be explained.

Q: Why is it that all wearing Maala are addressed as Ayyappa or Swami ?

A: The concept is that all those undergoing the Vratam with the purpose of completing the Sabari Mala Yaatra are mentally elevated to some extent by their association with their Gurujee who has to some extent understood the real meaning behind the pilgrimage.

Q: What is the meaning of 'Irumudi' ?

A: With the double ended bags, in the front bag the Abhisheka articles, Naivdeya articles intended for the Lord are kept. The other bag or bundle holds the requirements of the pilgrim. As the pilgrim progresses, the hind bundle gets empty leaving only the offerings intended to be offered to the Lord Ayyappa. It sounds that as we are getting nearer and nearer to Lord our needs get exhausted and finally we return filled with Divine Grace and the Prasaad.

Q: What is the concept of Ghee Coconut ?

A: On reaching the top of the hills at the temple if you break the coconut, the ghee is solidified and the whole thing appears like a white ball. It looks as if the Guru has opened our inner eye and fed in the Bhakti in the form of ghee which as it reaches the sanctum of the Lord, gets converted to *Poorna Gyanaa.*

Q: Should the double bag be carried only on the head and not in the hand ?

A: Normally, any item kept in high esteem is borne on the head only. Bharatha carried the Holy Paduka of Lord Rama on his head. Hence this procedure.

Q: While there is a shorter and more convenient route to the top of the hills, why is the longer and more difficult path preferred by many pilgrims ?

A: This is just so that we attain the stage not to be perturbed by the impediments enroute when one is totally immersed in Ayyappa Naama to reach the Sannidhi. Secondly, the tough jungle route denotes our wordly life full of joys and sorrows and other problems. Without surrendering to such shackles and with the sole purpose of reaching the Lord continuously chanting his Name the task is successfully completed.

Q: What is the philosophy 'Jyoti' ?

A: The Lord has both the shining solitary pose of Lord Ayyappa in a YOGA state, as also the ARUVAM or Cosmic form, a shining splendour lending its glory to both the Sun and Moon. The *Jyoti* denotes only this.

Q: How is the term *Poorna Pushkala Kantha* applicable to Lord Ayyappa who is a brahmachari ?

A: Poorna and Pushkala are His powers viz. Iccha Sakti and Kriya Sakti. This is elaborated by the term *Poorna Pushkala Kantha.*

Q: What is the importance of 'Pettai Thullal' at Erumeli ?

A: Pettai Thullal only represents hunting. We should hunt and destroy the *Kaamam, Kopam, Moham, Madam, and Maatsaryam* which represent the animal instincts in man, which deserve to be hunted out and destroyed. Before launching on the path of pilgrimage, we destroy the animal instincts within us. Secondly, this also forms a warm up exercise before we start the steep climbing.

Q: What is the philosophy behind the Eighteen Steps ?

A: This represents the 18 tattvas viz. Ragas, Kosas, Indriyas, Vidya, Avidya and various others which have to be overcome to understand God. The 18 steps also represent the eighteen *Siddha Purushas* and also the Devas as per some other concepts. The *Padi Pooja* is only a worship to all the great devas.

(Notes from Ramakrishna Vijayam)

Q: Are you satisfied with the selection of films for the Indian Panorama ?

A: I have seen most of the films of Indian Panorama as a member of the National Film Jury in **April** 1990. I have also seen the feature films made later. By and large, this is a fair selection out of the lot available. Regarding non-feature films, I had seen some documentaries including Anand Patwardhan's *Una Mitran Di Yaad Pyari* at the Documentary Festival held in Bombay last year. By and large, this selection is also good.

Q: There has been criticism about the process of selection of films for the Panorama. Basu Bhattacharya has suggested that

one region's films should be sent to another region. This would cut out any bias. How do you react to this ?

A: It's a good idea.

Q: Sivaprasad, director of Vembanad, informed us that this film was rejected by the Regional Panel. Then he made an appeal to the Central Selection Panel and his film got in. Isn't there some incongruity in it ?

A: Well, if there are too many rejections, either by the Regional Panel or by the Central Panel, then either Regional Panel is incompetent or Central Panel is incompetent. There should not be too many rejections and Central Panel should restrict itself to overruling the Regional Panel. The rejection quotient should not go beyond 10%.

Q: What about the members of Selection Panels ? Should there be a cross-section of society in the Panels ?

A: No, that would not be feasible. Instead, there should be people who are connected with film-directors, cameramen, music directors, editors etc. Then there should be film critics also in the panel, not the film reviewers who just write about films. Last but not the least, the Panel member's 'mental integrity' should be beyond reproach.

Q: And what about the selectors of selectors ? That is, who should select panel members ?

A: I have a suggestion. The Secretary, Ministry of Information and Broadcasting, should constitute a 'Special Cell' of selectors. These selectors should not be bureaucrats but connected with the film industry. This cell would select the Selection Panel members. This is the only way of getting honest selections.

Q: Indian Panorama can have maximum of 21 feature and 21 non-feature films. But for sometime, these many films could not be selected for the Panorama. It would mean that quality

films are not coming up in the country. Or could there be any other reason ?

A: The only reason is that quality films are not coming up, because in this country film-making has become a fashion. Everybody, that is those who should not be in films, wants to make a film or become a film critic. This dilutes the quality.

Here I would go a bit further and ask one question: In which direction is the Indian cinema going and for whom these films are being made ? If you make a leisurely film about the life in a rural part of India, how many people would be interested in such films? The problem is that some of our directors are under the influence of senior directors, either in India or abroad. They are not able to express the rhythm or the inner values of the younger generation of today, as also the real problems that this country is facing. Now-a-days when I see a film, I feel that I am in another world.

Q: You mean there is too much of fantasy ?

A: It's something more than fantasy. The film-making today has become very stylised, and very formal. Scenes are not connected. This style was made popular by Godard. What I would prefer is "contemporary realism". There should be much more emphasis on this. But our directors ape what is in vogue in the West. They have a reason to do so. The foreign audience.

Q: You mean to say that many films in India are being made by keeping the foreign audience in mind ?

A: Exactly, I will go even further and say that almost the entire Indian Panorama has officially become a feeder for foreign film festivals. By doing so, you are pandering to the foreigners. One should strive for acceptance in India itself. Foreign festivals are O.K., I am not against them. But the emphasis given on foreign acceptance is too much.

Q: How do you rate the films in the Cinema of the World section ?

A: Some good foreign films have been taken but some of the bad films too have been included. Secondly, all the good films have been bunched in the last two days. This could be because the prints came late.

Q: What about the films in Indian Main-stream ?

A: Well, Mainstream films could be seen on videos and elsewhere. No need to show them in the Festival.

Q: How do you rate the future of Indian Cinema ?

A: It's very bleak. Unless the Government declares film-making as an industry, it would not survive for long. And with that, concessions and preferential treatment would have to be given. These videos, too, are creating a big problem for the industry. There must be stringent regulations to curb their mushrooming growth.

A: Yes, It is noticed even in real life. Moments of love, in most cases, are not for ever. This fact has taken a new form of expression in this film.

Q: Do you think that cinema is a director's medium?

A: Not exactly. It is a collective work. Artistes add on to the sparkle. You cannot attribute it to one factor. But still the omnipresence of the director is always felt.

In this movie, for example, the script was adapted from an excellent short story. The heroine has displayed her best of talents, which has even changed her image of a sex star into a fine actress - Nicola Farron and Philippe Noiret are at their best. Their over-all contribution can never be overlooked.

Q: What do you think of Indian Cinema ?

A: I have had only very little opportunity to see them. But what I saw, I liked. They were mainly the films of Ray and not of recent times. They seemed to be very realistic and down-to-earth.

Q: As a film critic, what do you think of Indian Cinema, Mr. Lane ?

A: Well, I am glad that I could see some very good regional movies during a film festival at Trivandrum. I value some of the Malayalam directors like Adoor and Aravindan as simply superb. I am an ardent admirer of Ray also.

This time a Telugu movie which I saw, *Matti Manushulu,* has appealed to me to a great extent. Regional films of India are extremely realistic and distinct. But I doubt if they can manage to get a proper backing of audience. People, generally, do not like realism. It is a universal phenomenon. In Italy, it is no different. Realistic films have to be garbed with something like comedy, as in the case of Woody Allen movies.

Art and reality to go togother. But there is no money in it. This is a very sad state of affairs. A handful of intellectuals cannot provide the necessary backing for the financial survival of a movie.

Q: Modern cinema, like modern paintings, leaves a lot for the viewer to explore and draw his own conclusions. Why is it so ?

A: Modern cinema believes in a lot of audience participation in terms of thoughts. It does not believe in giving everything on a platter to the viewer. It provides scope for the viewer to develop his own thoughts.

Even in Moments of Love, the viewer is expected to ponder over the reality and fly off to the world of fantasy. After all, is not escapism a part of each one of us ?

Q: Your cartoons have a quality of their, our, especially the one entitled Cheriya Manushyarum Valia Lokavum, (The Small People and the Big World). Tell me, how did you take off from the lines and sketches to images and shadows ?

A: Films fascinated me right from the beginning. I always liked cinema as a medium of expression, as it is very interesting.

Q: Your cartoons as well as your movies reflect your inclination towards the feelings and actions of the ordinary people. Why this special interest ?

A: Its because of my familiarity with them. I was always inspired by common people's moods, feelings and their struggle against the bitter truths of the world. That's why their dreams and aspirations are the material for my films.

Q: What kind of themes you prefer for your films ?

A: I like fantasies and also the real life themes. Kummatti was a film based on a folklore, where the viewer could take off on a flight of fantasty. Though it was meant to be a children's film, it proved good entertainment even for the grown-ups.

Some of my films also project the stark realities of life, as in the case of Thambu, Utharayanam and Oridathu etc. Personally, I consider story as just the raw material only. It's the treatment that is important. Be the film a fantasy or a reality, it should satisfy the aesthetic sense of the viewers.

Q: Talking about your movies, you made little use of dialogue in your film Kanchana Seetha. Why ?

A: Dialogues are there to carry on the story line and make it move. But when it comes to well-known stories, dialogue ceases to be an essential ingredient. Dialogue was, however, included in Kanchana Seetha at the end of the movie to discuss the responsibilities of the king.

Q: How important is music for you in your movies ?

A: I do not use music just for the sake of it. I think music should be there to creat a mood and heighten its intensity, or to depict the various situations. For example, in Pokku Veyil, I have made use of certain specific ragas to denote the time and mood to bring out the best in the scene. Pokku Veyil, which means the twilight sun, was shot entirely in the evenings, as the effect and the mood had to be maintained throughout.

Q: Pokku Veyil had a lyrical style and content and a vast canvas, but it was enjoyed only by a certain section of people. Couldn't that be avoided ?

A: You cannot help it. One cannot expect everybody to enjoy everything. Without some sort of striving on the part of the viewer, enjoyment cannot be attained. It is the same with all the art forms.

Q: But is it not an excuse to make films for intellectuals only ?

A: This is a very wrong notion. No film-maker can afford to make films for a limited audience. Because only through reaching out to the maximum viewers can cinema serve any purpose. Viewers are the most essential part of any successful venture. But until viewers are introduced to the culture of good cinemas, there is not much hope.

Q: How different do you consider yourself from others ?

A: It is for the viewers to say. I go by my own standards, and that is all.

Q: Can you elaborate on it ?

A: I stand by my conviction. My total commitment is to the cinema as a medium. I do not believe in short cuts and cheap gimmicks. Substlety is my style. I believe that it is more acceptable and suited to our way of life, culture, and aesthetics. I cannot overlook the importance of social values. I enjoy making movies that are in communion with nature.

Q: Your Oridathu tells the story of the arrival of electricity in a village. Did you mean to point out the ill-effects of development in it ?

A: Yes, I strongly believe that any development should be for the development of man. Technology is not to be misused as the result is devastating for the man himself. In *Oridathu* there is a hint deliberately thrown at darkness being better than light, due to the misuse of light.

Q: In most of your movies, your cast includes artistes from various States. Is it because you think that they can do better ?

A: No. I study the characters in detail. A non-Malayali character can never be perfect with an artiste from Kerala. The mannerisms and actions are distinctly different from one region to the other. And I am a person who goes for the minutest details.

Q: Is that the reason that you take such a long time to make a film ?

A: May be, yes! I may carry a particular theme in my mind, even for years. I wait till it crystallises into a cinematic form in my mind. It is a long process of adjusting and re-adjusting of ideas. For example, in the case of *Vasthuhara,* my latest film, I was nurturing its idea at least for a few years.

Q: What was the idea ?

A: Vasthuhara deals with the influx of refugees. Refugees are a cursed lot for no fault of theirs. They are considered as a liability to the society. They are packed and transported from one place to another like a herd of animals. The uncertainty and helplessness of man-kind, in general, and refugees, in particular has always disturbed me. All of a sudden one becomes a non-entity, a stranger to the surroundings and people, being transformed from a man of thought and feelings to a mere object be tossed about. Life is full of uncertainties, I agree, but the realisation of the fact that it is the man himself who creates this state of affairs pricks one's conscience beyond words. And this thought is always relected in my works.

✤ ✤ ✤

Play files required for American President lines - voice Mail system.

1. Namaskar - नमस्कार
2. अमरीकन प्रेसीडेंट लाइन में आपका स्वागत है।
3. अमरीकन प्रेसीडेंट लाइन से सम्पर्क करने के लिए धन्यवाद।
4. **कृपया बीप के बाद डायल कीजिए,**

    O अंग्रेजी में सम्पर्क करने के लिए,

    I हिन्दी में बातचीत करने के लिए

5. **कृपया directory के लिए extension No (9) Nine डायल कीजिए**

    बीप के बाद extension No Nine directory के लिए डायल कीजिए।

    बीप के बाद extension No Nine directory के लिए डायल कीजिए और ऑपरेटर के लिए O डायल कीजिए।

6. **कृपया बीप के बाद extension No Nine directory के लिए डायल कीजिए और Secretary के लिए O. डायल कीजिए।**
7. **बीप के बाद।**

    Sales के लिए डायल One I Sales के लिए one डायल कीजिए [विक्रय विभाग के लिए एक डायल कीजिए।]

    Finance [वित्त विभाग] के लि न. (तीन) Three डायल कीजिए। सामान्य जानकारी के लिए नम्बर (चार) Fore डायल कीजिए। Documentation के लिए नम्बर (पाँच) Five डायल कीजिए। I R के लिए नम्बर (छः) six डायल कीजिए। clams के लिए नम्बर (सात) 7 डायल कीजिए। ग्राहक सेवा विभाग के लिए नम्बर (आठ) 8 डायल कीजिए।

8. **विभाग में किसी व्यक्ति से बातचीत के लिए (0) शून्य डायल कीजिए।**

    ग्राहक सेवा विभाग के लिए अलग लाइन उपलब्ध है। कृपया [2005181] दो शून्य शून्य पाँच एक आठ एक पर डायल कीजिए। [मिलाइए]

ऑपरेटर को लाइन देने तक कृपया इंतजार करें। सक्रेटरी को लाइन देने तक कृपया इंतजार करें।

कृपया इंतजार करें आपकी कॉल extensiou No (201) दो सौ एक transfer की जा रही है।

कृपया इंतजार करें आपकी कॉल मिस्टर मोहन को transfer की जा रही है।

कृपया इंतजार करे आपकी कॉल सेल्स विभाग के मिस्टर मोहन को transter की जा रही है।

Sorry, लाइनें सारी व्यस्त हैं।
क्षमा कीजिए, लाइनें सारी व्यस्त हैं।
क्षमा कीजिए, मिस्टर मोहन / उपस्थित / नहीं हैं।
आज / विक्रय विभाग / sales Department की छुट्टी है।
Sales department बंद है।
कृपया कोई और extension नम्बर डायल कीजिए।
कृपया कोई और extension नम्बर मिलाइए,
संदेश छोड़ने के लिए नम्बर नौ डायल कीजिए और ऑपरेटर के लिए शून्य।

कृपया कोई और extension नम्बर डायल कीजिए, अगर कोइ संदेश देना हो तो नम्बर नौ मिलाइये और विभाग में किसी से बात करनी हो तो नम्बर शून्य / जीरो डायल कीजिए।

कृपया कोई और extension नम्बर मिलाइए या संदेश देने के लिए नम्बर नौ डायल कीजिए।

कृपया कोई और extension नम्बर मिलाइए, अगर आपको विभाग के किसी व्यक्ति से बातचीत करनी हो तो शून्य डायल कीजिए।

कृपयाः-

बीप के बाद आप अपना नाम और पता मिस्टर मोहन के लिए छोड़ दीजिए।

बीप के बाद आप अपना नाम और संदेश मिस्टर मोहन के लिए दे दीजिए।

बीप के बाद आप अपना नाम और संदेश विक्रय विभाग (Sales department) के मिस्टर मोहन के लिए दे दीजिए।

कृपया अपना नाम और संदेश बीप के बाद दे दीजिए।

आपका संदेश पोस्ट कर दिया गया है।

अब आप डायल कीजिए। अब आप डायल कर सकते हैं कृपया डायल कीजिए डायल कीजिए।

समय खत्म हो रहा है। समय खत्म हो गया है।

क्षमा कीजिए

क्षमा कीजिए, काफी समय हो चुका है।

क्षमा कीजिए, बहुत सारी गलतियाँ हैं।

क्षमा कीजिए, वह गलत है।

क्षमा कीजिए, वहाँ गलती है।

आप कभी भी ऑपरेटर के लिए 0 डायल कर सकते हैं।

मिस्टर मोहन के लिए Voice Mail उपलब्ध नहीं है।

नमस्कार।

शुभरात्रि।

PLAY FILES REQUIRED FOR AMERICAN PRESIDENT LINES - VOICE MAIL SYSTEM

Namaskar

Welcome to American President Lines

Thank you for calling American President Lines

Please dial after the deep,

01 for interaction in English, (Should be in English)

02 for interaction in Hindi. (Should be in Hindi)

Please dial after the deep,

0 for interaction in English, (Should be in English)

1 for interaction in Hindi. (Should be in Hindi)

Please dial the extension number 9 for directory

Please dial the extension number or 9 for directory afte the beep.

Please dial the extension number, 9 for directory or 0 for operator after the deep.

Please dial the extension number, 9 for directory or 0 for secretary after the beep.

After the beep,

for Sales dial 1

Operations dial 2

Finance dial 3

General dial 4

Documentation dial 5

IR dial 6

Claims dial 7

Customer Service dial 8

After the beep,

for Sales dial 1

Operations dial 2

Finance dial 3

General dial 4

Documentation dial 5

IR dial 6

Claims dial 7

Customer Service dial 8

0 to talk to someone in the department.

The Customer Service Department has dedicated lines. Please call at 200 5181.

Please hold on. The call is being transferred to the operator.

Please hold on. The call is being transferred to the secretary.

Please hold on. The call is being transferred to extension 201

Please hold on. The call is being transferred to Mr. Mohan

Please hold on. The Call is being transferred to Mr. Mohan of Sales department

Sorry, the line is busy

Sorry, **Mr. Mohan** is not available

today is a holiday for **Sales Department.**

Sales Department is closed.

Please dial someother extension number

Please dial someother extension number 9 to leave a message or 0 for operator

Please dial someother extension number 9 to leave a message or 0 for talk to someone else in the department.

Please dial some other extension number or 0 to leave a message

Please dial some other extension number, or 0 to talk to someone else in the department.

Please leave your name and message for **Mr. Mohan** after the beep

Please leave your name and message for **Mr. Mohan of Sales Department** after the beep

Please leave your name and message after the beep.

the message has been posted.

You may now dial

Please dial

Timing out

Timedout

Sorry,................

Sorry too many timeouts

Sorry too many errors

Sorry that is an error

That is an invalid extension

That is an invalid option

You may dial 0 any time for operator

Please holdon to transfer the call to Sales, **Department.**

Dial the extension number or 9 for directory.

Sorry, this service is currently under implementation.

sorry, Voice Mail facility is not available for **Mr. Mohan.**

Godbye

Goodnight

Please holdon

Please holdon. The call is being transfered.

Operator

Secretary

Sorry, there is no one in the department

1-100, 200, 300, 400, 500, 600, 700, 800, 900

for, or, and, is, at, on

हिन्दी में कहिए:-

SEASONS GREETINGS

Wish you a happy Diwali

Wish you a happy New year

Wish you a happy Christmas

Wish you a happy Ied

Wish you a happy Holy

Wish you a happy Pongal

Wish you a happy Onam

Wish you a happy Ugathi

Wish you a happy Easter

Wish you a happy Birthday

Directory

Please dial after the beep............

Please dial after the beep,

Mr. Sundeep Sibal	242
Mrs. Dianna Ferreira	202
Mrs. Mekhala Nabar	267
Mr. K.K. Mendon	262

— — — —

English education, which was introduced in India in the earlier part of the nineteenth century established her cultural contact with the West. Prior to this, India had for centuries remained in a state of isolation, although in very early times she had sent out cultural missions to other Asiatic countries India really began to borrow from the west and assimilate new ideas on an extensive scale only after the British had taken up the direction of her educational policy.

It is true that western education at first exerted an unsetting influence on young men and led to erros in life and conduct. They hated every thing Indian, aped western manners and modes of life, and for go their glorious past. There were scholars who ignored modern Indian languages, avoided classical Indian literature, and made a fetish of speaking and writing English.

But, in course of time, educated Indians learnt to shun the evils of the new type of education and to assimilate the best, that it could offer. Genuine appreciation of the true vertues of the west replaced the pointless imitation of the superficial features of foreign life and manners. The orthodox section gradually gave up its hosility. The effect was a rapid and exceeded all expectations, with the progress of English education people's vision widened and their sympathies broadened. They learnt to compare and to contrast and to subject their own social, political and cultural life to a strict security. This generated a desire to reform Indian life and thought and to lift them up to a higher level. There was a movement for the revaluation of old standards and also for the creation of new standards.

The impact of western culture thus produced a new type of men, completely different from anything known in pre-British India. An educated middle class-discriminating, mentally alert and daring, was ushered into existence, consisting of thinkers, scholars, politicians, scientists, literary men and reformers, They expressed their views freely, uninfluenced by tradition or dogma, and tried to educate public opinion.

Their work was made easier by their ability to use English as a medium of expression. Political unity and the uniform administrative system in British India had the consequence of making English the lingua franca of this country. Writers in English could transcend provincial boundaries and appeal to educated people in all parts of India. This was an advantage which was not available in pre-British India for no classical language or vernacular had any chance of being understood all over the country as English came to be.

Whatever success has been achieved in recasting Indian life and thought has been most undoubtedly due to the English language as much as to the new type of culture from the west. Indian speakers and writers have won world wide administration for their mastery of English and for their facility in using a foreign language even in the most advanced forms of literature, as if it was their mother tongue.

In view of the changes now proposed in the position of English in the educational system of India, it is essential to have a clear idea of its services to this country patriotism may quite rightly inspire loyalty of Indian ideals in movals, social life and spiritual outlook in preference to those of the west, but it need not urge the immediate banishment of English from our education. Ignorance of English must entail, for a long time to come, the risk of being unfamiliar with the latest thought currents of the world, and of intellectural isolation. Hence the movement to discard or to discourage English is a retrograde step even from the strictly nationalist point of view.

हिन्दी भाषान्तरण—उन्नीसवीं शताब्दी के प्रारम्भिक भाग में अंग्रेजी शिक्षा ने जो भारत में चालू की गई थी अपना सांस्कृतिक सम्पर्क पश्चिम से स्थापित किया। इससे पहिले भारत शताब्दियों तक पृथकता की दशा में रहा था। यद्यपि बिलकुल प्रारम्भिक समय में भारत के एशिया के अन्य देशों में सांस्कृतिक जन भेज चुका था। ब्रिटेन द्वारा भारत की शिक्षा-नीति लेने के बाद भारत ने पश्चिम से बड़े परिमाण में विचार लेने और उन्हें अनुकूल बनाने प्रारम्भ कर दिये यह सच है कि प्रारम्भ में पश्चिमी शिक्षा ने युवकों

पर अस्थिर प्रभाव डालना प्रारम्भ किया तथा चरित्र और जीवन में गलतियाँ की। वे प्रत्येक भारतीय वस्तु से घृणा करते थे और जीवन के पश्चिम चाल-चालन की नकल करने लगे। और अतीत के अपने शानदार व्यवहार को भूल गए। ऐसे अनेक विद्वान थे जिन्होंने आधुनिक भारतीय भाषाओं की ओर ध्यान नहीं दिया। भारतीय प्राचीन साहित्य और कला की ओर उपेक्षा की। अंग्रेजी बोलने और लिखने को प्रशंसनीय बना दिया।

लेकिन कुछ समय की अवधि में शिक्षित भारतीयों ने शिक्षा के नवीन ढंग की बुराइयों को त्यागना और सबसे अच्छी अच्छाइयों का अनुकरण करना प्रारम्भ कर दिया। जिनको यह भाषा दे सकती थी। पश्चिम के सच्चे गुणों की पवित्र प्रशंसा ने विदेशी जीवन और रंग ढंग के बाहरी आकृतियों का निरर्थक अनुकरण किया। सत्य धर्मानुरागी व्यक्तियों ने धीरे-धीरे शत्रुता को छोड़ दिया। इनका प्रभाव शीघ्र और सब आशाओं से अधिक हुआ। अंग्रेजी शिक्षा की उन्नति के साथ लोगों का दृष्टिकोण विशाल होता गया और उनकी सहानुभूति की वृद्धि हुई। उन्होंने अपने निजी सामाजिक राजनैतिक और संस्कृतिक जीवन की पूर्णत सुरक्षा के लिए अधीन करना और तुलनात्मक आलोचना करना सीख लिया। इसने भारतीय जीवन और विचार को सुधारने की तथा उनको उच्चतर स्तर तक उठाने की इच्छा उत्पन्न कर दी। पुराने स्तरों का पुनः मूल्यांकन और नवीन स्तरों की रचना के लिए भी आन्दोलन होने लगा।

इन प्रकार पाश्चात्य संस्कृति की टक्कर ने एक नवीन ढंग के व्यक्ति उत्पन्न किये। जो ब्रिटिश शासन से पूर्व काल के भारतीयों से पूर्णतया भिन्न थे। मध्यम श्रेणी का शिक्षित समुदाय जिनमें विचारक, विद्वान, राजनीतिज्ञ, विज्ञानवेत्ता, साहित्यिक और सुधारक व्यक्ति सम्मिलित थे, मानसिक रूप से सजग, और साहसी तथा पृथक था। प्राचीन रीति और मत से अप्रभावित व्यक्तियों ने अपने विचार स्वतन्त्रता पूर्वक प्रकट किये और जनता की राय को शिक्षित करने और सुधारने का प्रयत्न किया। अपने विचारों को प्रकट करने के लिए अंग्रेजी भाषा को माध्यम रूप से उपयोग करने की योग्यता से

उनका कार्य कुछ सरल हो गया। ब्रिटिश भारत में राजनीतिक एकता और समान प्रबन्ध के ढंग की एकरूपता ने अंग्रेजी को इस देश भारत की अन्तर्प्रान्तीय (मिली जुली या सम्पर्क) भाषा बना दिया। अंग्रेजी में लिखने वाले व्यक्ति प्रान्तीय सीमाओं को लाँघ सके और भारत के सब भागों में रहने वाले शिक्षित लोगों से प्रार्थना कर सके। यह एक लाभ था जो ब्रिटिश भारत के पूर्ण काल में प्राप्य नहीं था क्योंकि कोई भी प्राचीन भाषा या वर्नाक्यूलर सम्पूर्ण देश में समझी जाने का अवसर नहीं रखती थी जैसी कि अंग्रेजी समझी जाने लगी।

भारतीय जीवन और विचार को नयी आकृति देने में जो कुछ सफलता प्राप्त हुई है, निस्सन्देह अंग्रेजी भाषा के कारण पश्चिम से नवीन प्रकार की संस्कृति प्राप्त करने में हुई है। भारतीय वक्ता और लेखकों ने, अंग्रेजी पर अधिकार जमाने के कारण एक विदेशी भाषा के प्रयोग में अनुकूलता के कारण और अपनी मातृभाषा के समान उच्च स्तर पर साहित्य के निकट हुए अच्छे उच्चरूप में संसार भर में प्रशंसा प्राप्त की है।

भारत के शिक्षा क्षेत्र में अंग्रेजी की स्थिति के विषय में कुछ परिवर्तन सुझाये गये हैं और इस देश भारत के सेवा क्षेत्र में अंग्रेजी की स्थिति में स्पष्ट आशय निश्चय करना अत्यन्त आवश्यक है।

स्वदेश भक्ति, धर्माचरण, सामाजिक जीवन और आत्मिक दृष्टिकोण में पाश्चात्य सिद्धान्तों से वरीयता में भारतीय आदर्शों के प्रति कर्त्तव्य प्रेम की प्रेरणा नितान्त उचित रूप में प्रदान कर सके परन्तु हमारी भारतीय शिक्षा-संसार से तत्काल बहिष्कृत करने के लिए हठ करने की आवश्यकता नहीं है। आने वाले पर्याप्त दीर्घ समय तक बौद्धिक पृथक्करण अथवा संसार के नवीनतम विचार-धाराओं से अनभिज्ञ होने का संकट अंग्रेजी भाषा की अज्ञानता के कारण नहीं लेना चाहिए। अतएव अंग्रेजी को अनुत्साहित करने या निकालने अथवा हटाने का आन्दोलन दृढ़ राष्ट्रीय दृष्टिकोण से भी वापिसी और हानिप्रद पग है।

I (Mahatma Gandhi) am a servant of India and I am trying to serve India. I serve the whole of mankind. I had thought in my early life that the service of India was not against the service of mankind. As I advanced in years and it is hoped my intellect-also developed, I have realised that my thinking was right After about fifty years of public service I can say to-day that the service of a country is no less than the service of the world. This thinking of mine has become even stranger this principle is very good. By more acceptance of this principle the condition of the world can improve and the mutual jealousy among the different nations of the world can be ended. While launching a movement a genuine untouchability I have not confined myself of Hinduism alone. If the sense of untouchability is really removed from the hearts of the Hindus, we shall soon realise that we are all one and not different from one another.

मैं (महात्मा गाँधी) हिन्दुस्तान का सेवक हूँ और हिन्दुस्तान की सेवा करने का प्रयत्न कर रहा हूँ। मैं समस्त मानव-जाति की सेवा करता हूँ। मैंने अपने प्रारम्भिक जीवन में सोचा था कि हिन्दुस्तान की सेवा मानव सेवा के विरुद्ध नहीं है। ज्यों-ज्यों मेरी उम्र बढ़ती गई और आशा है, मेरी बुद्धि भी विकसित होती गई है, मैंने अनुभव किया है कि मेरी धारणा ठीक थी। करीब पचास वर्षों की जन-सेवा के बाद, आज मैं कह सकता हूँ कि एक राष्ट्र-सेवा विश्व-सेवा से कम नहीं है। मेरी यह धारण और भी मजबूत हो गई है। यह सिद्धान्त बहुत अच्छा है। केवल इस सिद्धान्त को मान लेने ही से संसार की स्थिति सुधर सकती है और दुनियाँ के विभिन्न राष्ट्रों की पारस्परिक ईर्ष्या का अन्त हो सकता है। अस्पृश्यता के विरुद्ध आन्दोलन छेड़ते हुए मैंने अपने को हिन्दुत्व में सीमित नहीं रखा है। यदि हिन्दुओं के हृदय से अस्पृश्यता, वास्तव में, दूर कर दी जाय तो हम शीघ्र ही यह अनुभव करेंगे कि हम सब एक हैं अलग-अलग नहीं।

Brahmacharya means the control of all the senses in thought, word and deed. As it has been said above, there is the necessity of restraints for this control ; I have been realising this day by day, As there is no limit in Brahmacharya, so there is no limit in the scope of renunciation, Such Brahmacharya is not attained by limited effort. For millions of people, it will ever be an ideal. But an aspiring Brahmachari will always look to his short comings, will know his passions lying dormant in the inner most recesses on his heart and will incessantly strive to take them out. So long as his thoughts are not controlled to the extent that not a single thought enters without his will, he is not a true Brahmachari. All the involuntary thoughts are a sort of disease. To control them means to control the mind, which is even more difficult than to control the wind. Nevertheless, the existence of god withen makes even the control of the mind possible. Let it not be understood then that it id difficult of attainment because the way is beset with difficulties. It is the highest goal and its no wonder that the highest effort is needed to attain it.

"ब्रह्मचर्य का अर्थ है मन, बचन और काया से समस्त इन्द्रियों का संयम। जैसा कि ऊपर वर्णित है। इस संयम के लिए त्यागोंकी आवश्यकता है, यह बात मुझे दिन-दिन दिखाई देने लगी। त्याग के क्षेत्र की सीमा ही नहीं। ऐसा, ब्रह्मचर्य अल्प प्रयत्न से साध्य नहीं होता। करोड़ों के लिए तो यह हमेशा एक आदर्श के रूप में ही रहेगा। पर एक प्रयत्नशील ब्रह्मचारी तो नित्य अपनी त्रुटियों के दर्शन करेगा, अपने हृदय के कोने कचरे में छिपे विकारों को पहचान लेगा और उन्हें निकाल बाहर करने का सतत उद्योग करता रहेगा। जब तक अपने विचारों पर इतना नियन्त्रण न हो जाए कि अपनी इच्छा के बिना एक भी विचार न आने पावे, तब तक वह पूर्ण ब्रह्मचर्य नहीं। कितने भी अनैच्छिक विचार हैं वे सब एक प्रकार के विकार है। उनको वश में करने के मानी है मन को वश में करना और मन को वश में करना, वायु को वश में करने से भी कठिन है। इतना होते हुए भी अपने अन्दर ईश्वर की विद्यमानता मन को भी वश में करा देती है। रास्ते में कठिनाइयाँ है। इससे यह मान लेना चाहिए कि वह असाध्य है। वह तो परम अर्थ है और परम अर्थ के लिए परम प्रयत्न की आवश्यकता हो तो इसमें कौन आश्चर्य की बात है?

The National Development Council has appealed to the farmers and factory workers of the country to give their maximum co-operation in making the Fourth five year Plan a success. The various items of the Plan can be completed successfully with the disciplined co-operation of the countrymen and their sence of duty. All the classes of society should co-operate in this effort. It has been said by the council to those people in society whose financial position in not good that they should keep a restraint on their expenditure, avoid wasting their money and try to minimise the Consumption of articles of use. All the countrymen should pay more attention towards the interests of the country nation and society than to their narrow personal interests. By so doing they will be successful in safe guarding both their personal and national interests.

In the present state of the country, its defence has become all the more important. All the national planning activities should be viewed from this angle. The main base of a countries power is its economic stability Economists are of the opinion that the economic condition of India is more stable in comparision to many other countries. Yet, we should always be prepared to make sacrifices for its defence and all round progress.

राष्ट्रीय विकास परिषद ने देश के किसानों और कारखानों में कार्य करने वाले मजदूरों से चलुर्थ पंचवर्षीय योजना को सफल बनाने में अधिक से अधिक सहयोग देने की अपील की है? देशवासियों के अनुशासित सहयोग और उनकी कर्त्तव्य परायणता से योजना की विभिन्न मदों को सफलतापूर्वक पूरा किया जा सकता है। समाज के सभी वर्गों को उसके लिए सहयोग देना चाहिए। समाज में चिनकी आर्थिक स्थिति अच्छी है उन लोगों से परिषद की ओर से कहा गया है कि उन्हें अपने व्यय पर संयम रखना चाहिए और अपने धन की बर्बादी को रोकना चाहिए तथा अपने उपयोग व्ययो को कम करने का प्रयत्न करना चाहिए। सभी देशवासियों को राष्ट्र और समाज के हितों की

ओर अपने संकुचित हितों की अपेक्षा अधिक ध्यान देना चाहिए और ऐसा करने से वे निजी और राष्ट्र दोनों प्रकार के हितों को सुरक्षित करने में सफल हो सकेंगे।

इस समय देश की जो स्थिति है उससे देश की सुरक्षा की व्यवस्था का महत्व और भी बढ़ गया है। राष्ट्रीय योजना के सभी कार्यों को उक्त दृष्टि से देखा जाना चाहिए। किसी देश की शक्ति का मुख्य आधार उसकी आर्थिक सुदृढ़ता होती है। भारत की आर्थिक स्थिति कई देशों के मुकाबले में अधिक सुदृढ़ है, ऐसा अर्थशास्त्रियों का मत है। फिर भी देश की रक्षा और उसकी बहुमुखी उन्नति के लिए हमें बलिदान और त्याग के लिए तैयार रहना चाहिए।

We do admit that there are many kinds of evils prevailing in the country to-day, corruption, bribery and malpractices are rampant everywhere. And not only ordinary people but most responsible administraters are also involved in this dirty quagmire. It is essential to put on end of these evils. But we want to urge upon our students and youngmen that this can be done only through constructive activities and through destructive ones. The fact is that as far as possible students should not disturb their studies by involving themselves in the morass of politics etc. Learning and knowledge are the greatest assets of a man and by losing them he will get nothing but only kicks. Even then if our students and youngmen have a desire the nation's reform, we are prepared to welcome them with great pleasure and pride.

निम्नलिखित अवतरण का अंग्रेजी में भाषान्तरण

हम यह स्वीकार करते हैं। कि आज देश में अनेक प्रकार की बुराइयाँ हैं। भ्रष्टाचार, रिश्वतखोरी अनाचार का चारों ओर बोल वाला है और गंदी दलदल में साधारण जन ही नहीं अपितु बड़े से बड़े उत्तरदायित्वपूर्ण शासनाधिकारी तक फँसे हुए हैं। इन दुर्गणों का अन्त करना आवश्यक है। किन्तु हम अपने छात्रों और बालकों से निवेदन करना चाहते हैं कि यह कार्य

विध्वंसात्मक कार्यों से नहीं अपितु रचनात्मक योग्यताओं से ही पूर्ण हो पायेगा। बात यह है कि जहाँ तक भी सम्भव हो सके छात्रों को राजनीति आदि के कुचक्र में फँसकर अपनी शिक्षा में बाधा नहीं डालनी चाहिए। विद्या और ज्ञान मनुष्य की सबसे बड़ी सम्पत्तियाँ हैं और उन्हें खोकर मनुष्य ठोकरें खाने के अतिरिक्त और कुछ भी नहीं पा सकता है। फिर भी यदि हमारे छात्रों और नवयुवकों को राष्ट्र के सुधार में रुचि है, तो हम बड़े ही हर्ष और अभिमान से उनका आह्वान करने को उद्यत हैं।

We want that the whole world should know that we are the worshippers of peace that we have our own history and that we believe in the Co-existence of the people of the world. In fact, the organisation of the competitions or the Olympic games is only a means. We do regard these games as only a festival of the youth of the world they may develop the qualities of friend ship, brotherhood and mutual good will by mingling with one another and playing together in a healthy competitive spirit.

In ancient days, when the olympic games or the youth were held, the philosophers used to debate. The learned used to exchange knowledge the poets used to describe history in poetry and artists and musicians used to develop new art and music. We want to permeate the same spirit in the present olympic. Let the youth know the world in which they live and let them understand the civilization for the preservation of which the world-peace is essential.

हम चाहते हैं कि सारा विश्व जान जाय कि हम शान्ति के पुजारी हैं, हमारा अपना इतिहास है और संसार के लोगों के सहअस्तित्व में विश्वास करते हैं। वास्तव में ओलम्पिक खेल प्रतियोगिता का आयोजन तो एक साधन मात्र है। हम तो इन खेलों को विश्व के युवकों का समारोह मानते हैं जहाँ मेल बैठकर खेल-कूद कर तथा सद्भाव पूर्व स्पर्द्धा से वे मैत्री, भाईचारे और आपसी सद्भाव के गुण विकसित कर सकें।

— — — —

RELIGION

THE DEMON OF DESIRE!

[From Gita: An Outline]

SADHU T.L. VASWANI

<u>हिन्दी रूपान्तरण करो:-</u>

Who are the men of demoniac nature? They are called asuras. In an Upanishad we read:— By the breath, the upward breath of his mouth, Prajapati created the gods (suras): and by downward breathing he created the asuras. it were, darkness for him." This darkness represents evil and ignorance. The "down ward breath" was the breath of desires. Desires are not divine. Desires are vibrations from below. The desirous-mind is the adversary of the divine spirit within. The desirous-mind is the "demon". There are men who are dominated and ruthlessly drawn by the desirousmind. Such men are asura-men. They are on the path of bondage.

They are (1) hypocrites: they practise dissimulation and assume false appearances. (2) They are arrogant and conceited, intoxicated with power. (3) They are men of wrath. (4) They are rude and harsh (5) They are men of ignorance and foolishness.

Hypocrisy, arrogance and conceit, wrath, as also, rudeness and ignorance—these, O Arjuna, belong to him who is born with the demoniac nature. *[Gita Ch. XVI-4]*

They who have the asuri sampad (demoniac estate and are on the path of bondage have the following marks:—

(1) Lack of discrimination. They cannot discriminate between right activity (what should be done) and right abstinence (what should be avoided).

(2) Lack of purity. They are unclean in body and mind.

(3) Lack of propriety. Their conduct is reproachable. They recognise no rule of life.

(4) Lack of truth. They are not truthful they are given to lying.

(5) Atheism. They arrogantly assert that the universe is without a moral basis, has no basic laws, is without a Ruler (God) and without a guiding and synthesising Principle— a mass of blind chance and blind competition—that the universe is a house of lust, conceived in lust, that all creatures have sprung from the union of the sexes (male and female principles).

(6) Dark-mindedness. They are lost souls and have small understanding. Their intellects are dull.

(7) They give themselves to evil deeds, curel acts. They work for the destruction of the world: they are the enemies of mankind.

(8) They say the world is for enjoyment only and so they surrender themselves to insatiable desires. They live for nothing but desire and all that ministers to it.

(9) They practise dissimulation and assume false appearances in order to make a favourable impression on others. They are hypocrites.

(10) They are puffed up with pride.

(11) In blindness they cling to wrong ideas—like Ravana who thought there was no harm in stealing Sita.

(12) They are tormented by endless worries which do not leave them till death.

(13) To them there is nothing higher than pleasure. Pleasure is their summum bonum, the highest good, "Eat, drink, and be merry," is the motto of their life.

(14) They are caught into the sinful, lustful course. They indulge in immoral practices.

(15) They are men of wrath, anger.

(16) They amass wealth by unjust means for indulging in luxuries and sense-enjoyments.

(17) Their egoism is awful. On their thoughts and their acts is the sting of "I". They regard themselves as supreme. "Is n't our future famous, brave and great?" they exclaim. "Rich are we, proudly born. Which other men live like us?" So they pile up wealth, more and more, and, killing some, gloat over the feat, and expect to kill other enemies. "Look!" they say, "are we not lords?"

And they perform ostentatiously the sacrifices which are so, only in name and with disregard to shastric rules: they are lip-sacrifices for ostentation.

(18) Their mind is always wandering here and there.

(19) They are enmeshed in the web of delusion.

(20) They hate the Lord dwelling in their hearts and in the hearts of all.

Such men of demoniac nature wander in the wheel of birth and death, and are cast down into the wombs of degraded parents. And they tread the nether road, sinking lower and lower in the scale of evolution, sinking into perdition, their souls ruined, lost.

How may we prepare ourselves for the Heaven-World?

Three Practical Suggestions

1. Practical suggestion number one is, every night, before you retire, go back over all that you have thought and said and done during the day— in reverse order. Repent for all the sins of omission and commission of the day.

Repentance brings about a change of heart. Out of the heart are the issues of life. When the heart changes, man becomes new. He longs to dedicate his life to God.

A favourite waiter of the Emperor, Charles the Fifth, fell seriously ill. The Emperor went to visit him. Instead of being happy about his sovereign's visit, the courtier became sad and began to cry.

Surprised, the Emperor asked him:— "What is causing you pain? I have come to comfort you, to give you consolation. Is there anything I can do for you? I pledge my royal word that I shall fulfil your wish."

In its classical form the Buddha's Doctrine of the Middle Path is expressed in dry, methodical, almost mechanical terms. Each aspect is neatly subdivided and categorised in such a way that it might have been laid out as a chart. And that is indeed what it is meant to be. At a time when there was little literature most learning was transmitted orally from teacher to pupil in a way that was easy to memorise. Thus we have as the core of Buddhist Doctrine the Noble Eightfold Path, the Four Noble Truths, the Five Groups of Clinging and so on. These are a convenient way of organising complex and abstract concepts into a framework that is not only easily memorised but ensures the transmission and preservation intact of the essential features of the teaching. And these are the terms in which the Buddha addressed the five who were to become the first disciples of Buddhism.

The basis of the Buddha's philosophy is the Four Noble Truths. The first three of these are really stages of a simple logical argument that parallels the Buddha's own early progress from the comfortable life of a prince to the search for enligghtenment. The argument goes as follows: (1) life is full of suffering– a 'vale of tears' – because of illness, ageing, discontent and the awareness of death; (2) the cause of this suffering is desire, or attachment to the world in such a way as to become liable to suffering -i.e. desire to see an end to unpleasantness, desire to go on living, etc. (3) therefore, the way to eliminate suffering is to eliminate desire.

The fourth Noble Truth reveals the way to achieve this removal of desire; and that way is the central part of the Buddhist discipline: the Noble Eightfold path, or the Middle Path. Explaining this the Buddha told his five disciples: There are two extremes which should be avoided by a man who renounces the world. One of these is the practice of those things related to passions, and particularly sensuality; this is low, uncivilised, unworthy and unprofitable, and is fit only for the worldly minded. The other extreme is the practice of self-mortification, which is painful, undignified and equally unprofitable. 'Both of these extremes, of course, were familiar to the Buddha. The sensual life was the one he had followed as a young man, while it was his abandonment of rigorous asceticism that had so offended those who were now listenting to him. He rejected the former because it retarded one's spiritual progress and the latter because it weakened one's intellect.

SELF-ESTEEM

By **Lillian Vernon**

Anyone can count the number of seeds in an apple,
But only God can count the number of apples in a seed

—Robert H. Schull

Dear Friends !

I have always been a staunch believer that the development of self-esteem must begin very early in life. At a young age, children must begin to develop confidence in themselves.

The development of self-esteem must be based on a sound foundation. It is important for parents to encourage the process by delegating some type of responsibility to children in the home. Giving them tasks such as making their beds every morning or helping in the yard will give them a sense of accomplishment, self-assurance and independence.

One of the greatest gifts a parent can give a child to help develop self-esteem is to teach the child how to think, rather than what to think.

Skills can be learned, but the seeds of confidence have to be planted at a young age, and then nurtured throughout the formative years. Building self-esteem is often an evolutionary, not a revolutionary process.

Children should always be given positive feedback and reinforcement when they do something well. Children thrive and excel when praised.

Use criticism constructively, not destructively. Let them know you don't always expect perfection, but you do expect them to do their very best. Be sure to point out their strengths and capabilities: Compliments and communication are essential for the development of self-esteem.

Since children learn by example, keep your fears and insecurities to yourself. Don't convey them to your children. Influence them positively, not negatively. Instill them with caution and prudence but never fear.

As an adult, never let others detemine or diminish your self-esteem. Confidence must come from within. You must believe it to feel it and exude it. Don't dwell on your mistakes or setbacks, instead learn and grow from them and move on. Don't allow mistakes to defeat or discourage you and don't take criticism personally.

It is necessary to work hard on self-esteem— it's something you can't buy at a store! Self-esteem is respecting who you are, not what you are.

Reinforcing the self-esteem of my staff is a vital part of my management philosophy. I write personal notes of praise and acknowledgment to them for jobs well done.

I am proud of the fact that, over the years, I have been instrumental in helping to develop a strong sense of self-esteem among members of my staff. Conveying a simple message, such as, "I know you can do this well," or "I have confidence in your ability," has gone a long way in making a difference in the attitudes of my employees, and has proven invaluable in developing a strong feeling of personal self-esteem in the workplace.

We all have strengths and weakness. I emphasize my staff's strengths by letting them know they are all important, all unique and that everyone has something positive to contribute. I believe that self-esteem enhances self-motivation. If you believe you can succeed, then most likely you will.

To maintain self-esteem, set realistic goals. Expecting to much of yourself can be counter productive and cause stress. Be flexible, change your goals if needed. Give it your best try— if it doesn't happen, try a different strategy: rethink your goal and start a new.

Working with others as a team player can do wonders for stimulating creative thoughts and motivation and is another way to strengthen self-esteem. Try to surround yourself with people who are supportive— avoid those who constanly attempt to discourage you from reaching your full potential.

Be assertive but not overly aggressive. Your demeanor is important in projecting high self-esteem. Always act in a professional manner. You become what you project. Project assurance and you'll become assured. Project confidence and you'll gain confidence. Project self-worth and your self-esteem will rise.

·If on occasion you feel less confident, keep in mind it is only temporary. You can always rebound and regain your self-assurance.

Dear Friends,

The violent activities of the hard core of students sometimes create an atmosphere of terror in the university, because these activities are by no means confined to the campus alone.

Most of the university campus have witnessed a disturbing phenomenon of indisciplinary behaviour of students, non-teaching employees and to a lesser extent teachers. It is considerably deteriorating the performance of the university in all spheres of activities.

A REVIEW OF THE SITUATION IN THE UNIVERSITIES

In some cases indiscipline in the university campus is caused by the students in associated degree colleges and/or neighbouring universities due to the coupling between the two systems.

The violent activities of the hard core of students sometimes create an atmospher of terror in the university, because these activities are by no means confined to the campus alone.

A serious aspect of student indiscipline is the use of unfair means, on a large scale by the students, during, examinations. The associated criminal activity is intimidation and occasional physical assault on the invigilating faculty members and examiners.

1. GENERAL MEETINGS OF SHAREHOLDERS STATUTORY MEETING (SEC. 165)

Every company limited by shares and every company limited by guarantee and having a share capital shall, within a period of not less than 1 month nor more than 6 months from the date at which the company is entitled to commence business, hold a general meeting of the members of the company. This meeting is called the 'statutory meeting'. This is the first meeting of the shareholders of a public company and is held only once in the lifetime of a company.

Example. PL Limited obtained certificate to commence business on 31st January, 1994. It can hold the statutory meeting any time between 1st March, 1994 (i.e., not earlier than 1 month from the date the company is entitled to commence business) and 31st July, 1994 (i.e., not later than 6 months from the date the company is entitled to commence business)

Statutory report. The Board of directors shall at least 21 days before the day on which the meeting is to he held, forward a report, called the 'statutory report', to every member of the company. If the report is forwarded later than 21 days before the day of the meeting, it shall be deemed to have been duly forwarded if it is so agreed to by all the members entitled to attend and vote at the meeting. The notice of the meeting shall mention that the meeting is a statutory meeting.

Contents of the statutory report. The statutory report of a company contains all the necessary information relating to the formational aspect of the company. It sets out the following information :

(a) Total shares allotted—the total number of shares allotted, distinguishing shares allotted as fully or partly paid-up otherwise than in cash and stating in the case of shares partly paid-up, the extent to which they are so paid-up, and in either case, the consideration for which they have been allotted.

(b) Cash received— the total amount of cash received by the company in respect of all shares allotted, distinguished as aforesaid.

(c) Abstract of receipts and payments— an abstract of the receipts and of the payments made up to a date within 7 days of the report.

The abstract shall exhibit under distinctive headings the receipts (i) of the company from shares and debentures and other sources, (ii) the payments made thereout, (iii) the balance of cash in hand, and (iv) an account or estimate of the preliminary expenses of the company, showing separately any commission or discount paid or to be paid on the issue or sale of shares or debentures.

(d) Directors and auditors— the names, addresses and occupations of the directors, auditors, and manager and secretary, and the changes which have occurred in such names, addresses and occupations since the date of the incorporation of the company.

(e) Contracts— the particulars of any contract which is to be submitted to the meeting for its approval or modification.

(f) Underwriting contract— the extent to which any underwriting contract has not been carried out and the reasons therefor.

(g) Arrears of calls— the arrears due on calls from every director and from the manager.

(h) Commission and brokerage— the particulars of any commission or brokerage in connection with the issue or sale of shares and debentures to any director or to the manager.

Certification of report. The statutory report shall be certified as correct by not less than 2 directors of the company. One of these directors shall be a managing director, if there is one. After the statutory report has been certified, the auditors of the company shall also certify it as correct as regards its first 3 contents.

A copy of the report to be sent to the Registrar. The Board shall deliver a copy of the certified statutory report to the Registrar for members of the company.

"Religious Life today is like an egg ready to hatch, with new life eager to burst forth. The problem is that we keep taping up the cracks in the shell whenever they break open, because we want to preserve the 'integrity' of the egg." These remarks, made up someone truly concerned about religious life and its future, illustrate well the concerns of this book, with its apt sub-title: **Religious Life**

in Search of Its Soul.

For the last several years, I have asked myself often why, with all the talents, gifts, intelligence, and potential that we collectively embody, so little is really happening to restore viability to religious life. How is it that so many highly educated, highly motivated women and men seem so incapable of effecting truly significant change in their way of life and their corporate potential? What is happening to religious life and why? When I think of the thousands of religious throughout the world who yearly sign up for workshops, seminars, retreats, and institutes to reflect on and learn about the call to transformation, I know that we care, and that we are interested in our future, our communities, and the mission. Why is it, then, that religious life as we know it is dying, and what can we do about it? (adapted from the 'Preface')

In her latest book 'WRESTLING WITH GOD' Sr Barbara Fiand calls her fellow religious to a deer awareness of the transformation of consciousness that is beckoning people everywhere. She invites them to let this information affect their structures and shape their priorities. She asks questions and raises issues often ignored and long overdue: celibacy and the meaning of intimacy, what membership means and how it can be expanded, the welcoming of diversity, the need of feminine for wholeness and health, the fear of death and denial of a new life. Barbara's honest, loving new look has been eagerly awaited by women and men religious everywhere.

WRESTING WITH GOD is a daring, life-affirming invitation to religious to embrace and bring into the open th new ideas they are considering in their hearts.

Sr Barbara Fiand is also the author of two other important books on religious life:

Dear Friends,

Even though there is a lot of shortcomings in the Indian higher educational system there has been very little discussion about what the students can do to improve the higher educational system.

"students elsewhere brought about revolutions and changed governments. Cannot our students try to change the system of education and can't they try to get good education and good teaching if they really want it, but do they really want it or do they want just paper degrees?"

In India, the students demands are vague rather claim for good education or good teaching. Whereas the country like Australia, for instance, the National Union of Students, long before (1970) made the main demand - "we want good teaching".

The recent survey indicates that a large scale of teachers are being absent from classes in the colleges affiliated to Delhi University. It also noted that there are some teachers who do not take any class at all, there are quite a significant number of teachers who do not take 30-40% classes, but hardly there is any protest from the students.

The major students' organisations like the National Students Union of India (NSUI), Akhil Bharatiya Vidyarthi Parishad (ABVP), Students Federation of India (SFI) and so on have their presence in almost all the colleges and universities. But all these organisations have failed to play a role for the improvement of educational system. If these student organisations insist on good quality of education then there is a hope for good education.

Students evaluation of 'teachers' performance is a regular feature of the other countries. In our country the demand for the evaluation of teachers teaching has not come from students. It has been argued that 'our students cannot be trusted to assess their teaching since they can be misled by caste, communal or regional considerations and since they can be exploited by vested interests to give opinions in their favour'.

There are only teachers who claim exemption from any type of assessment and the remarkable fact again is that students who suffer from this lack of assessment do not protest against it. The basic reason for it is that students are not interested in good teaching or good learning - they are interested only in passing examinations.

PROCEDURE AT THE MEETING.

(a) *List of members.* At the commencement of the statutory meeting, the Board shall produce a list showing the names, addresses and occupations of the members of the company and number of shares held by them respectively. The list shall remain open and accessible to any member of the company during the continuance of the meeting.

(b) *Discussion of matters relating to formational aspect.* The members present at the meeting shall be at liberty to discuss any matter relating to the formation of the company. They may also discuss any matter arising out of the statutory report. Previous notice for such discussions is not necessary. However, no resolution may be passed of which notice has not been given in accordance with the provisions of the Act.

(c) *Adjournment.* The meeting may adjourn from time to time. (a) List of members. At any adjourned meeting, any resolution (of which notice has been given). whether before or after the former meeting, may be passed. An adjourned meeting shall have the same powers as the original meeting. The object of the adjournment may be to provide members with additional information as to the company's affairs.

Consequences of default. If default is made in complying with the provisions of Sec. 165, every director or any other officer of the company who is in default shall be punishable with fine which may extend to Rs.500. If default is made in delivering the statutory report to the Registrar or in holding the statutory meeting, the company may be wound up by the Court. The Court ordinarily does not take such a serious view of the default. It may, however, direct the company to deliver the statutory report or hold the statutory meeting, as the case may be.

Object of the meeting and report. The object of the statutory meeting and forwarding of statutory report to members is—

1. To put the members of the company in possession of all the important facts relating to the company, what shares have been taken up, what money received, what contracts entered into, and what sums spent on preliminary expenses, etc.

2. To provide the members an opportunity of meeting and discussing the management, methods and prospects of the company.

3. To approve the modification of the terms of any contract named in the prospects.

Companies which need not hold statutory meeting: A private company and a company limited by guarantee and not having a share capital need not hold a statutory meeting.

THE BIRTH OF THE MESSIAH

Raymond E. Brown SJ

One of the most respected scripture scholars in the world brings his immense talents to bear on the infancy narratives in the gospel of Matthew and Luke. A work of the highest critical historical scholarship in a form what is accessible to average well-educated reader. Brown's treatment of the infancy narratives is definitive. It will undoubtedly be the standard work on the subject for the years to come.

Dear Friends !

The South Korean workers and students held a mammoth rally

in Seoul on 23 December 1997, demanding that the government should take responsibility for the country's economic crisis.

Why this struggle?

* The collapse of currency and the 'bail out' package with IMF have pushed South Korea into economic crisis.

* IMF has made its package conditional upon substantial liberalisation of financial markers. Which allows for a sharp increase in foreign presence in the country. The financial reforms enforced by the IMF encourage the foreign investors to acquire up to 55 percent of the company shares and open the stock market to foreigners.

* The package creates a great problem of unemployment in South Korea which leads to domestic backlash and political uncertainty.

Beyond the dramatic drop in seminarians and the declining numbers of priests, beyond the sexual misconduct scandals shaking the confidence the trust once readily given to priests, a spiritual deepening and maturing is renewing the spirit and confidence of the diocesan priest. In this collection of essays, twelve priests (including four bishops) reflect on the spirituality of the diocesan priest from their personal and pastoral experience.

Have diocesan priests finally transcended the monastic and religious order spiritualities that have shaped their prayer and interior lives for centuries ? Is a spirituality particular at a time when the priesthood is under such close scrutiny? The contributors – pastors, theologians, poets, and bishops – grapple with the maturing of the diocesan priest's soul, touch the mystery of the priesthood, and unveil personal, often moving, dramas of grace.

PLIGHT OF THE SOUTH KOREAN STUDENTS IN U.S.

The South Korean students in U.S. are caught up with their country's economic problem which leads them to the 'state of distress'.

South Korea's unit of currency has lost half of its value since the country declared an "economic emergency" three months ago. Seoul has agreed to austerity measures set by the International Monetary fund (IMF) as part of a $57-billion bailout.

The number of South Korean students enrolled in U.S. colleges/ universities this year is estimated to be close to 40,000. Last year, according to the Institute of International Education, only two countries, Japan and China, sent more students to the United States than South Korea's 37,130.

The University of Wisconsin at Madison enrolled 463 Korean students last year-one of the largested such contingents in this country-among its foreign-student population of 3,886. It also had a total of 585 students from three other Asian countries that have been experiencing financial difficulties: Indonesia, Malasiya and Thailand.

"We have hundreds of students from those countries, and in recent days we have received request from several dozen for information about whether the university could help them in any way," says Sheila Spear, Director of International Student and Scholar Service at the university. "Many have come who says that they may not be able to come back next semester. We are very anxious not to lose these students, or to see their education disrupted."

This volume is an attempt towards a better understanding of the dynamic workings of the Spirit of God in the Bhagavadgita tradition and in the writings of St. John of the Cross through a comparative method. The ultimate aim of this study is to promote a spirituality that favours mutual respect and understanding between Hindus and Christians through inter-religious dialogue. The comparative method used in the study incorporates historical, exegetical and critical analysis of the relevant words and texts of the two traditions from the perspective of the documents, encyclicals and statements of the conciliar and post-counciliar Church teaching that encourages inter-religious dialogue.

PROTEST AGAINST NEW ID SYSTEM IN PHILIPPINES

Philippine president General Fidel V. Ramos implemented the 'national identification system' which is popularly known as 'Administrative Order of AO 308.

The Bagon Alyansang Makabayan (Bayan), KARAPATAN (Alliance for the Promotion of People's Rights and together with Asian Students' Association (ASA) members - League of Filipino Students (LFS), National Union of students of the Philippines (NUSP) and the College Editors Guild of the Philippines (CEGP) protested against this unconstitutional and repressive scheme.

KARAPATAN asserted that, 'Ramos' AO 308 is a step towards martial rule'.

ANTI-IMF- WB PROTEST IN HONGKONG

More than 200 people comprising of workers, NGOs, students, social workers from HK, regional NGOs, and migrant workers from the Philippines, Nepal and Srilanka marched towards the Hongkong Convention Centre (WB-IMF scheduled to meet this place) on September 1, 1997 to protest against the currency crises of South East Asia and poverty in Hongkong.

The march was stalled by the Hongkong police and the protesters were prevented and arrested before they reached the picketing site of the WB-IMF meetings.

STUDNET PROTEST IN ATEAROA (Newzealand)

75 Victoria University students who were involved in a protest against privatisation of tertiary education were arrested at the parliament.

Thirteen students were arrested and scores were hurt after clashes erupted between students protesting increasing fees and the police in the University of Ackland.

The Ackland University Student's Association said it was outrageous that students were not allowed inside the registry. It said students had been assaulted during the confrontation.

The Vice-chancellor, Prof. Kit Carson said:" The students' call for free education while laudable, is not possible given our present funding." He said the university could not estimate fees because it had not finalised its budget or learned the level of government funding.

A Book to answer all the questions that crop up in the minds of those who join an institute of Consecrated Life or a Society of Apostolic Life as Postulants or Novices. It explores each question in a comprehensive and insightful manner and arrives at answers or solutions that could be applicable to a person in any Religious Order or Congregation. Always true to the Magisterium, the teachings of St. Thomas Aquinas as well as drawing from their rich knowledge, experience and spiritual insight, the authors answer the wide range of doubts and questions asked by Postulants and Novices. A very useful, even indispensable book for all Formators in Religious Houses and Seminaries.

The Students protest in Germany, recently, has been disrupting the universities and confronting politicians with the pressing need to reform the country's higher education system.

Students of more than 50 German universities have staged a protest of strike to demand more money for the largely state-run system. The protest began in November 1997, but the crisis had been building for two decades, as university enrollment almost doubled. Today the system is bursting at the seams. More than 1.8 million students are enrolled in the state-run institution compared with 1 million in 1997.

The students have only a few instructors, cramped lecture halls and outdated laboratory equippment.

New Social Obligation

Faced with new social obligations, including unemployment benefits for the large pool of jobless Germans, the government now spends an amount equal to only 0.92 per cent of the gross national product on higher education compared with 1.32 per cent two decades ago.

Klaus Borchard, the Rector of Friendrich Wilhelm University of Bonn allowed the student national demonstration and the rally to use his campus. Officials of the many German universities instructed the staffs not to penalise students who happened to have missed class.

"If Germany wants to remain competitive internationally, its universities must move away from the traditional German model, in which all students receive an education designed to prepare them for careers in academy.... Higher-education institutions have to say goodbye to the myth of supposed equality. We need transparency on the differences in Quality."

Under pressure from educators, the federal government reached an agreement with Germany's Lander or states, on a draft "framework law' for higher education. The legislation paves a way for transferring considerable power over higher education from the federal government to the states and to the individual institutions.

The legislation also encourages the introduction of a system of academic credit — much like at U.S. universities — to as structure to study programmes and make it easier for students to receive credit for work done at another institution, whether in Germany or abroad.

Tuition Controversy

The framework law establishes general principles and allows each state for approving its own law to implement them. Many reformers are satisfied with this approach and saying that it would lead to a greater differentiation among the institutions and promote healthy competition.

However, controversy over the question of tuition fees prevent the German parliament from adopting the legislation. A majority of Germans opposed this legislation, whereas many education leaders favour this idea that tuition fees are necessary, both to raise badly needed funds for their institutions and to dissuade young people who are not serious about pursuing a degree from enrolling in higher education.

Pressure on Students

The prospect of tuition fees has been a prime target of the student protests. Students also oppose provisions of the draft legislation that could be used to force them to complete their studies more quickly. The law restricts that right by requiring them to pass yearly comprehensive examinations in order to continue their education.

"We want the right to prolong our studies... Many people have to work; many have families. The new law is not interested in their situation. Students want more say, not less, in how to organise their university studies, but the framework law would turn universities into high school, says Daniel Philipp, a second-year engineering student at the Technical University of Berlin.

Educators say the framework law is only the first step. Reformers want to replace Germany's traditional "collegial" system of university management, under which professors are responsible for the administration of their institutions and elect the Rector and the deans.

"We need a mental change inside the institutions. Many there haven't realised that the fall of communism, globalisation, and communications revolution have brought huge changes to our world."

STUDENTS PROTEST IN ISRAEL

Hundreds of students from all over Israel demonstrated in Jerusalem, in January 1998 to protest against the inadequate government support for higher education.

The students were anguished over the spending of money on Jewish seminaries, at the expense of higher education. "We are protesting discrimination against higher education and the real cut in the higher-education budget," says Gil Tadmor, Vice-Chairman of the National Union of Israeli Students.

Spending on higher education for per Israeli student had declined by 3.1 per cent this academic year. Moreover, no one was represented in the Planning and Grants Committee of the Council of Higher Education to respond to the students' grievance.

Background

In June 1992, the Government of Maharastra signed a memorandum of understanding with Enron to build a natural gast based power station in the Guhagar sub-division of the Ratnagiri coastal district of Maharastra. The Dabhol Power Company- a joint venture between three US based multinational corporations. Enron (with an 80% share). General Electrical Corporation (10%) and Bechtel Enterprises Incorporated (10%)- was the first wholly private power project to be agreed in India.

In December 1993, a power purchase agreement was agreed between the Dabhol Power Company (DPC) and the Maharastra State Electricity Board for the purchase of the electricity generated by the project. Land for the site was acquired by the Maharastra Industrial Development Corporation using power under the Maharastra Industrial Development Act, 1962, which, under section 32, effectively limits the need to take into account the views of the local population and allows for the use of force to take possession of land if a person refuses to give it up.

The project was agreed as a consequence of the changes in Indian governmental policy relating to foreign investment, begun in 1991.

Specific criticism of the project have focussed on a number of concerns:

the high cost of the power which is to be purchased by the state government.
allegation of corruption surrounding the setting up of the project.
concern about the procedure used for granting of official clearence for the project, including the lack of consultation of affected people and the inadequate environmental impact assessment; land acquisition leading to displacement of local people;
the allocation and distribution of compensation for those displaced; environmental destruction.

Several non-governmental organisations have been formed to opposed the Enron project in Maharastra, including the 'Guhagar Enron Vaa Salagna Prakalp Virodhi Sangharsh Samiti (Guhagar District People's Forum for Opposing Enron and Other Related Projects, hereafter Sangharsh Samiti) and the Enron Virodhi Sangharsh Samiti (Organisation to Oppose Enron). These are made up of affected villagers, social and environmental activists and lawyers.

NEHRU AND THE NEW COMMONWEALTH

Eigth Lecture – by Sir Harold Wilson
2 November 1978

In accepting the honour of being invited to give the annual Nehru Memorial Lecture I do not have the advantage most of those who have gone before me had Unlike Lord Butler and Krishna Menon, I was not born in India. Unlike some who have delivered the lecture, I did not know Nehru in the long years of struggle towards Independence. I did come to know him quite well through his visits to Commonwealth Conferences when I was a member of Clement Attlee's Cabinet. I remember those conferences to which you referred, 1948 and 1949, following which the Constituent Assembly in New Delhi ratified the declaration of the Prime Minister announcing India's adherence to the Commonwealth of Nations. In those days the Commonwealth Conference did not meet in the spacious surroundings of Marlborough House or Lancaster House, but round the cabinet table in Downing Street, with plenty of room not only for Prime Ministers but Foreign Ministers and officials as well. I remember the one I attended when Nehru was first there. There were nine nations represented there, including Southrn Rhodesia which, while not technically and juridically independent, had a great measure of autonomy except in foreign affairs.

IMPRESSIONS OF NEHRU AND KRISHNA MENON

The Commonwealth Conferences I chaired as Prime Minister in the 1960s rose in number from 21 attenders to 36. The last one I attended in Jamaica in 1975 was attended by 33 countries, Nehru being absent, and since then two new hitherto dependent territories qualified for membership of the Commonwealth. And I am happy to say that during my nearly eight years as Prime Minister, thirteen countries within the Commonwealth achieved full status.

In those two conferences thirty years ago, I can remember the quiet power, touched with magnetism, that Nehru exercised in our discussions. Naturally many of his contributions related to the problems of Asia—external threats to the peace of Asia. But he played as full a part in discussions of problems affecting some or all of the five continents as any other delegate. Outside the conference I had a number of talks with him on trade between Britain and India, but he was also passionately interested in that year to know about the Soviet Union which I had visited three times—in all spending three months there, in 1947, to negotiate the first big Anglo-Soviet Trade Agreement. A great leader of his people, he was in every sense a good Commonwealth man. Had he been alive there is no doubt that he would have exerted a still greater influence, not least during the traumatic effect on the Commonwealth and the free world of events in Southern Africa.

It was my regret that I was never able to be on a Prime Minister to Prime Minister relationship with him. He died just five months before I become Prime Minister for the first time. The Commonwealth Conference was just about to take place under the chairmanship of Sir Alec Douglas-Home, and India was represented on that occasion by Nehru's daughter, Indira Gandhi, who was still in mourning for her father. Although she attended every plenary session of the Conference, she did not feel able to attend any of the lunches or dinners or other gatherings held outside the conference itself.

THE YOUNG CONGRESSMAN

When JP returned to India at the age of 27, Gandhi was preparing for the next phase of the struggle for independence after a period of apparant quiescence. It was a period in which Gandhi was trying to teach his countrymen to prepare and purify themselves for freedom by learning to become self-reliant, honest and disciplined — for which khadi and the spinning wheel were symbols. He did not talk about gaining power or about the end of British rule. That would follow automatically when Indians were ready to rule themselves. With less emphasis being laid on struggle and satyagraha, those who preferred a slow constitutional/reformist approach gained strength.

The impatient younger generation regarded this preparatory phase as unduly passive, even though Gandhi came out occasionally to fight specific campaigns, such as to organize the boycott of the Simon Commission in February 1928, and the second Bardoli satyagraha which began on 28 February that year and lasted until the government repealed the 22 per cent increase in taxes that sparked the satyagraha on 6 August. JP was as much if not more impatient than the group of younger leaders of the Congress, such as Subhas Chandra Bose and, somewhat more cautiously, Jawaharlal Nehru, to begin the fight to capture power from the British. More than 40 years later, however, he would appreciate the role that Gandhi was playing — trying to build from below, encouraging grassroots organizations like village panchayats to take decisions co-operatively and independently, making them the foundations of a democratic system. What Gandhi had feared had been demonstrated only too clearly in the first 25 years of Independence—that possession of state power, without the counter balance of grassroots democracy, would not improve the plight of the average underprivileged Indian but only promote an unprincipled struggle between dominant groups for positions of power.

On returning home, he slipped back easily into the kurta and dhoti, discarding Western clothes until he visited the West again. His parents had aged considerably in his absence. His sisters were married. He was unable to recognize his brother Rajeshwar who was barely 12 when he left and was now a young man. But thanks to the photographs he had sent home from America, his family had no difficulty recognizing him even though he too had matured from an introspective student to a well-built handsome young man, reflecting the self-confidence gained by earning his own livelihood and the political assurance that Marxism gave him. But he had not become arrogant, nor did he affect a Westernized manner.

With a foreign degree and well-connected as he was through marriage with the most influential families in Bihar, well-paid jobs could have been his for the asking and he needed a steady income. He considered the possibility of opening a department of sociology in Banaras Hindu University but was eager to join the movement for independence, which meant joining the Congress. Though still an orthodox Marxist, he could see that only the Congress, led by Gandhi, had the mass following that could win independence for the country. The Communist Party, following the Comintern line at the time, not only stayed away from the freedom struggle but denounced it as representing only the interests of the bourgeoisie.

The first political gathering he attended after his return was a Congress meeting at Monghyr. The strain between the younger revolutionaries and older conservatives was now in the open, with the younger group urging the Congress to demand total independence and the conservatives willing to —

Dear Friends !

C.R. was confident, January 26 would be 'the great day when India will pronounce "talak" (divorce) to Britain,' he told a Wardha audience on his way south.

While in Wardha he attacked 'two great sins.' One, 'the government's sin,' was the sale of liquor, which made beasts of men. The other, 'the people's sin,' was untouchability, which treated some as worse than beasts.

On the day of assessment C.R. was in Madura, where he had a reliable follower. in a Vaidyanatha Iyer 'Great enthusiasm prevailed,' wrote the 'Hindu'.

Under Gandhi's instructions no speeches were made anywhere in the country; everywhere the flag was hoisted, the pledge was read out and audiences were asked to raise hands if they agreed with it. Place upon place that Sunday morning was a forest of hands.

Councillors were getting the public's message. Though a few Swarajists were still hesitant, 172 members of legislatures, including 30 at the centre, resigned by February.

C.R. was drawing huge crowds all over the south. He advised :

> Do nothing wrong in the eyes of God, but resist injustice. Resist, not by brining a heavy stick down on your opponent's skull but by suffering the penalties imposed by him for your resistance.

He ridiculed :

> The British say, *'Swaraj'* is good for us, not for you, and because you are so wicked as to ask for it, we must cure you by locking you up.' You laugh when I describe the process in its naked

simplicity. Let us submit to his in our thousands and just as you here in this assembly laugh, the whole world will laugh too. And suffering and laugher are as potent as electricity.

And he challenged :

The hour has struck for all of us to cast away our dearest attachments and to make a supreme effort again.

The Sardar clarified :

'It should be quite easy to justify assistance to Subhas Bose's daughter out of the INA funds. Subhas Bose was the Commander-in-Chief of the INA and therefore assistance can be given to his family out of the INA funds.

This action of the Sardar conforms to the advice offered by Spictetus :

'As the sun doth not wait for prayers and incantations to be prevailed on to rise, but immediately shines forth and is received with universal salutation, so neither do you wait for applause and shouts and praises in order to do good, but be a voluntary benefactor and you will be beloved like the sun.'

Further proof of the Sardar's compassion, conditioned by the desire for national dignity, is traceable in the step he took to get the men of the Post and Telegraph Department smarter and better uniforms.

In a letter to Rafi Ahmed Kidwai, who was the Minister for Communication, the Sardar noted :

'This morning (25th July, 1948), a person entered my house in the dirtiest clothes possible and looked like more an intruder than anybody else. My peons and guards took him as such and would have also dealt with him as such had he not announced that he was a telegraph peon and had telegrams to deliver.

I am sure you will agree that it is a disgrace to us all if telegraph peons, on for that matter, other peons go about in such filthy conditions... I see no diffculties, they must be overcome in the fair name of this country.'

Thanks to the Sardar's intervention, the requisite funds were released by the Finance Ministry and the peons were provided with uniforms.

GANDHIJI AND PATEL

Muslium League, one Sikh, one Indian Christian and one Parsi.

Gandhiji sent a draft note to the Congress Working Committee in which he argued:

(1) The League being avowedly a Muslium organisation could not include any non-Muslim representatives in its list.

(2) The Congress, as a nationalist organisation, must have the right to include a Congress Muslim in the list.

(3) The Muslim League should have no say in the selection of any names outside its quota of fiveMuslims.

(4) The Interim Government should be regarded as being responsible to the elected representatives in the Assembly.

Gandhiji advised the Congress Working Committee not to accept the proposal to form the Interim Government unless a second clause for the formation of a body a frame a new constitution was also sorted out to everybody's satisfaction.

This created a rift between Gandhiji and the Sardar. On 25th June, the Congress Working Committee passed a resolution, rejecting the proposal for the formation of the Interim Government, but accepted the plan for the formation of a Constitution making Body.

Peareylal observes :

> 'The final phase of negotiations with the Cabinet Mission marked the beginning of that cleavage between Gandhiji and some of his closest colleagues which in the final phase of the transfer of power left them facing different ways..... Gandhiji's attitude on the use of the British Army for the maintenance of internal order; his insistence on being left alone to settle directly with the Muslim League after the British had quit, even if it meant civil war rather than enter into a diplomatic deal with the British, however favourable, his readiness to face chaos and anarchy in preference to peace imposed by British Army, not only remained unchanged, but stiffened as time went by. The members of the Working.

Gandhiji looked, with dismay, at the difference that were cropping up; a slow drift between his attitude and the posture of the Sardar. Gandhiji, however, did not try to impose his views on the Sardar. He was against the idea of forcibly holding the Sardar down to the path which he preferred. The Sardar should stick to him, only so long as he did so out of convictions.

In a note dated 1st July, 1946, *Gandhiji stated :*

> 'I did not like our conversation today. It is nobody's fault. The fault, if at all, is of the circumstances. What can you or I do for it ? You go by your experience, I by mine. You know I have been at a loss to understand a number of things which you have done... You speak in the Committee with much heat. I don't like it. On top of it, today came the question of Constituent Assembly.... We are drifting in different directions.'

The Sardar promptly replied :

> 'I must be at fault. Only I cannot yet see it and that makes me feel unhappy. I do not want to take a different path.... but if I had not done what I did, the Congress would have been held to blame afterwards.'

Britain, which had earlier shown no interest in India's freedom, now acted with a sense of urgency. It looked as if they were keen to withdraw from India at the earliest opportunity. They had neither the patience nor the need to work out a solution by constant parleys.

Realising the uncompromising attitude of the Muslim League, the British Government called on the Congress Party to take the initiative. Pandit Nehru, as the President of the Congress, (a post he held because of Gandhiji's personal preference though a larger number of provincial Congress Committees had opted for the Sardar who stood down when he learnt that Gandhiji desired to see the young and more dynamic Pandit Nehru to be the head of the organisation.), headed the —

PATEL'S HUMANISM

The Sardar found nothing objectionable in his objective. In the pursuit of his objective, he did not brook any obstacles. Since Bose stood in the way, he had to be removed.

But, the differences and the tussles did not dim the admiration the Sardar had for Bose as a patriot, The Sardar was the first to concede that there could be different paths to the same goal, that Netaji had acted according to what he considered the best way to freedom, that Netaji had, by his subsequent bold action in organising the Indian National Army and the challenge he offered the Britishers, proved his abounding patriotism, that Bose deserved as much credit as other leaders who followed the Mahatma.

This conviction lay ingrained in his heart and did not lose its sheen even though he had clashed with Bose and his adherents several times. The Sardar did not mix up personal relations with political differences.

When the opportunity came, the Sardar was quick to capitalise on it.

On 21st July, 1948, the Sardar initiated, in a letter to Pandit Nehru, the idea of offering financial aid to Netaji's daughter.

> 'Thank you for your letter dated 15th July, 1948 about the INA budget.
>
> 'I am sending a further sum of Rs. 50,000 for expenditure during the months July-September as adviced by you. I suggest that whatever amount is left by 1 October should be placed in trust for assistance to the daughter of Subhas Babu.'

Pandit Nehru concurred with the suggestion of the Sardar. He replied :

> *'I rather like the idea of a sum being set aside for assistance to the daughter of Subhas Bose. But do you think it is quite in accordance with the object of the collection for INA relief?'*

INDIRA GANDHI

Selected Speeches Writings - 1972 - 1977
Vol III Publications Ministry of Information and Broadcasting Government of India

CAMPAIGN AGAINST COMMUNALISM

I know that a great deal remains to be done and in spite of our efforts we have not succeded in changing the attitude of minds. Much can be done through laws but the laws will not be effective unless there is a change in society. We know that the communal spirit exists and even where it does not exist, sometimes it is promoted for political or other reasons and, therefore, it is very important that MPs, especially MLAs and others, should concern themselves with these matters and try in their own constituencies to involve as many people as possible in this flight or in this movement. I think we should have a kind of campaign in which we involve people of all communities.

So far as your first demand is concerned, I am not going to go into the details of the memorandum here, but you have said that there should be departments.

Now, so far as the Centre is concerned, we have made not a department but a unit in the Integration Council but its work was a little limited in the sense that it was not taking a proper view of the entire problem as it should do. Since a couple of months or more, I think three or four months ago, we instructed that it should deal with this and so on.

But I received a complaint that, instead of employing a new person, they ask the existing teachers "Does anybody know Urdu ?" and without any proper test that person is appointed. So, it is not giving greater employment and we don't know whether that person knows sufficient Urdu. But later, when I checked with the Government, they said there was not great truth in this because they had not really started to recruit. Yet, they said we have first received the orders and now in the next form that it will really get going when the schools reopen after the holidays. I think this will help, but if you have any other general proposals I think that each of your State committees must see very specifically how these can be implemented. I can assure you that both at the Centre and in the State Governments where we can persuade the Chief Ministers, we will do our best to see that these programmes go forward.

Ofcourse, one thing is that we need more Urdu translations. Whatever is translated into Hindi should be translated into Urdu also. I think you have not put that point, but that is the best way that you can become successful. You know whether it is a convocation address or anything else and also translation of various books and I mean Hindi books or other books. I think there is some translation being done, but it is rather inadequate. As a matter of fact, there is not enough translation in Hindi of the books, that should be translated, but I think that would help.

This is very, very important but we find our hands are somewhat tied in this. If I remember I put it to the opposition parties in Parliament also. I mean, how much can the Centre interfere ? Because every time, although this integration as such can be considered by the Centre, in practice when the Centre puts a proposition before the States, we have a wall in front of us. We just don't know how to do it, how much one can quarrel with the State Governments. And, this is a matter which perhaps we could consider in this smaller committee with the opposition members because if everybody agrees to a certain thing and all parties agree, then it may be possible to do something; otherwise we would be in a position where we might force something on one of our States and other States, and if there is another Government, they may say, "You can't interfere." That would not be a right situation. But our laws are such that it is all right for communal propaganda but whenever we bring up something, then again they will say, what is communal propaganda ?

And I have no doubt that sometimes the police do things which are ot warranted, but I think it is really very unfair to say that the police is inciting a riot or the police is aggravating the situation. We know that once a bad atmosphere is created, then after all, the police are also human beings; some of them do get infected with this thing on both sides. If there is a language riot, we see whoever speaks that language is drawn towards that group. This is again something which can be dealt with only by the public, a quick reaction of the public and involvement of the responsible people and specially the representatives of the public. But I think with all these things if we discuss in a smaller group where Government people are present, it may be easier to deal with them.

Of course, many of the riots and other incidents that take place, I am afraid, are very much politically motivated. In Aligarh, we saw that they had this riot just on the eve of the election. And there is no doubt that it did affect the election results. This is why we are always afraid when any election is approaching of what will happen, something like this because it is very easy to start wrong propaganda, the misleading rumours that spread very quietly for some time before. So, we do not even get to know about it, till suddenly it erupts for no strong reason because even if there is stone throwing, it is not a reason for riot. If some children or students are throwing stones or absuing somebody for instance, the responsible people must immediately come forward and say, 'well, even if this has happened, it was not a reason for anybody to kill anybody or to indulge in arson and loot, and so on'. So, I think we need to have some kind of vigilant squads either on behalf of your committee and other people also who can keep us informed of such rumour-mongering or tension because there are some tensions which come without notice, but sometimes when the people are living there, they can feel that the tension is growing and some people purposely are putting fuel to the fire.

Now the Government should take positive steps to include all communities. There I agree, but to include whom how do you know? If it is possible, we will always say so. I myself asked one or two people and they had given very good lectures on how secular they are and what they need, and so on.

This is true that even the communal parties are today speaking about Urdu and so on. But I think whether they say or not we must do something.

REBUILD INDIA
Ramakrishna Math, Belur

INDIA'S FUTURE

Shall India die ? Then from the world all spirituality will be extinct, all moral perfection will be extinct, all sweet-souled sympathy for religion will be extinct, all ideality will be extinct; and in its place will reign the duality of lust and luxury as the male and female deities, with money as its priest, fraud, force, and competition its ceremonies, and the human soul its sacrifice. Such a thing can never be.[1]

Once more the wheel is turning once more vibrations have been set in motion from India, which are destined at no distant day to reach the farthest limits of the earth.[2] Belive, believe, the decree has gone forth, the fiat of the Lord has gone forth– India must rise, the masses and the poor are to be made happy.[3]

India will be raised, not with the power of the flesh, but with the power of the spirit; not with the flag of destruction, but with the flag of destruction, but with the flag of peace and love, the garb of the Sannyasin; not by the power of wealth, but by the power of the begging bowl.[4]

On our work depends the coming of the India of the future. She is there ready waiting. She is only sleeping.[5] Therefore to make a great future India, the whole secret lies in organisation, accumulation of power, co-ordination of wills. Already before my mind rises one of the marvellous verses of the Rig-Veda

Samhita which says, "Be thou all of one mind, be thou all of one thought". ...Being of one mind is the secret of society. ...That is the secret– accumulation of will-power, co-ordination, bringing them all, as it were, into one focus.[6]

Let us all work hard, my brethren; this is no time for sleep.[7] Do not figure out big plans at first, but begin slowly, feel your ground, and proceed.[8] Up, up, the long night is passing, the day is approaching, the wave has risen, nothing will be able to resist its tidal fury.[9]

I see in my mind's eye the future perfect India rising out of this chaos and strife, glorious and invincible, with Vedanta brain and Islam body. ...For our own motherland a junction of the two great systems, Hinduism and Islam– Vedanta brain and Islam body — is the only hope.[10]

प्रिय पाठकगण,

एक और वर्ष बीत गया है और हम एक और उपभोक्ता दिवस मनाने जा रहे हैं। उपभोक्ता संरक्षण आन्दोलन के लिए यह एक अत्यंत संतोषजनक और सफल वर्ष रहा है और हमने एक अधिक जिम्मेदार समाज की ओर बढ़ते हुए और एक संवेदनशील सरकार के रूप में काफी प्रगति कर ली है। मैं पूरा ब्योरा यहां देना नहीं चाहती हूँ लेकिन कुछ मुख्य-मुख्य बातें आपके सम्मुख रखना चाहता हूँ।

यह वर्ष वित्त मंत्रालय द्वारा उपभोक्ता वस्तुओं के लिए उत्पाद-शुल्क में रियायत की घोषणा के साथ शुरू हुआ, जिससे देश भर में उपभोक्ताओं में उद्विग्नता पैदा हुई। परन्तु माननीय मंत्री जी की अनुआई में तथा आप सभी के सहयोग से मंत्रालय द्वारा किए गए पुरजोर प्रयासों से हम यह सुनिश्चित कर सक्ते है कि कुल मिलाकर ये रियायतें उपभोक्ताओं को मिलें और जहां ये रियायतें उन्हें दी जा रही है वहां दोषियों को दण्डित कराने हेतु प्रयास जारी है। अधिनियम में काफी समय से प्रतीक्षित संशोधनों को संसद में समय से स्वीकृति दे दी गई और यह हम सब के लिए एक भारी विजय है। एक अन्य प्रगति यह हुई कि उपभोक्ता कल्याण निधि के बारे में कारवाई पूरी हो गई है और इस निधि का उपयोग शुरू हो गया है। वर्ष के दौरान एक नई केंद्रीय परिषद अंस्तित्व में आई। इसने अपनी पहली बैठक में कुछ महत्वपूर्ण निर्णय लिए, जिनका इस क्षेत्र में भाषा प्रगति पर काफी प्रभाव पड़ेगा। अन्ततः यह मंत्रालय आप सभी का अत्यंत आभारी है जिन्होंने हमारे निमंत्रण पर दिल्ली आने और राष्ट्रीय सम्मेलन की भारी सफलता में अपना सहयोग दिया।

उपभोक्ता संरक्षण का लक्ष्यय मूलतः हर व्यवसाय में उत्तरदायित्व के सिद्धान्त को लागू करना है जिससे कि सामाजिक जीवन अधिक व्यवस्थित एवं जीने लायक बन सके। प्रत्येक व्यक्ति इस सिद्धान्त को पसन्द करता है, परन्तु केवल तर्भा तक जब तक वह दूसरों द्वारा पीड़ित किया जाता है लेकिन

Dear readers,

Another year has gone by and we are in the midst of another consumer day clebrations1 It has béen a very satisfying and successful year for the consumer protection movement and we have crossed several milestomes in our journey towards a more responsible society and responsive Government. I do not want to enumerate all the details but would like to place some of the highlights before you.

This year started with the announcement of excise duty reliefs for consumer products by the finance Ministry which caused seven concern to the consumers all over the country. But with vigorous efforts by the Ministry spearheaded by the Hon'ble Minister and co-operation from all of you, we were able to ensure that the concessions are by and large passed on to the consumers and where they were not passed on efforts are still on to bring the culprits to book. The much awaited amendments to the Actreceived the approval of parliment in time. It was a major victory for all of us. Another major development was the culmination of the exercise in the consumers welfare fund and it becoming fully operational. A new Central council also came into being during the year. In its first meeting it has taken a few momentous decisions which will have a great impact on future developments in this field. Last but not the least, the Ministry is also greateful to all of you for responding to our invitation and making the National convention at Delhi a big success. more orderly and worth living. Everyone likes this principle, as long is they are on the aggrieved side. But when they find that now it is their turn to render account for their ommissions and commissions,

जब स्वयं उसकी बारी आती है कि वह अपने कार्यों और त्रुटियों का लेखा-जोखा दे तो वह अनेक बहाने बनाकर उत्तरदायित्व से बचना चाहता है। उपभोक्ता संरक्षण अधिनियम को बनने के बाद से हम यह स्थिति लगातार देख रहे हैं। उच्चतम न्यायालय के हाल ही के निर्णय में यह बात काफी स्पष्ट कर दी गई है कि उपभोक्ता संरक्षण अधिनियम समाज के व्यापक हित में एक सामाजिक कल्याण का कानून है, अतः इसकी व्याख्या तंग दृष्टिकोण से न की जाए। शीर्ष न्यायालय ने यह भी टिप्पणी की है कि यह समाज के प्रति सेवा होगी यदि इस अधिनियम की परिधि से बाहर रखे जाने की मांग करने के बजाय सभी अपने को इस कानून के अधीन जाँच के लिए प्रस्तुत करें। क्योंकि समाज के स्टस्थ विकास के लिए यह जरूरी है कि सार्वजनिक उत्तरदायित्व की भावना विकसित हो।

स्वैच्छिक उपभोक्ता संगठन, देश में उपभोक्ता आन्दोलन के पहरेदार की भूमिका अदा करते हैं, अतः वे यह न सोचें कि उपभोक्ता इस अपूर्व अधिनियम से सज्जित होने के बाद उपभोक्ता मोर्चे पर सभी लड़ाइयाँ जीत गया है और वे कुछ अवधि के लिए चैन की नींद सो सकते हैं। उपभोक्ताओं में जागरूकता पैदा करना एक निरन्तर चलते रहने वाला कार्य है और इसे सर्वोच्च प्राथमिकता दी जानी चाहिए। दूसरे शब्दों में उपभोक्ता को कठिनाइयों का समाना स्वयं करने हेतु तैयार किया जाना चाहिए। इस बात के औचित्य को देखते हुए हाल में हुई केंद्रीय उपभोक्ता संरक्षण परिषद की बैठक में इस वर्ष के उपभोक्ता दिवस समारोह के लिए "एक सचेत उपभोक्ता समय की आवश्कता है" विषय चुना गया है।

प्रत्येक नागरिक का यह कर्तव्य है कि वह अपने अधिकारों के प्रति सचेत रहे और दूसरों को भी सचेत करे। जब तक यह संदेश देश के कोने-कोने में नहीं पहुंच जाता, हमें और अधिक मेहनत करनी होगी और अपने प्रयास जारी रखने होंगे। मैं इस दिशा में आपके प्रयासों की सफलता की कामना करती हूँ।

जय उपभोक्ता!

they try to take camouflage under various pretexts. This aspect, we are witnessing right from the day the consumer protection act was enacted. The recent supreme court judgement has made it amply clear that the consumer protection Act, being a social welfare legislation in the larger interests of the society should not be interpreted in a narrow sense. the Apex Court also observed that it would be a service to the society, if instead of claiming exclusion from the purview of the act subjecting oneself to scrutiny is essential, as public accountability is necessary for the healthy growth of society.

As for as the Voluntary consumer organisation who play the role of watch dogs of the consumer movement in the country, they should not think that the consumer has won all the battles in the market front, armed as he is with a unique legislation and, therefore, can go in to hibernation for some period. Creation of awareness among the consumers is a continuous task and should be given the highest priority. In other words the consumer should be prepared to face the music by himself. It is in the fitness of things that the recently held Central Consumer Protection Council has chosen the theme 'An alert consumer is the need of the hour' for this years consumer day celebrations.

It is the duty of every Citizen to be alert to his rights and make others alert. Till this message is taken to every nook and corner of the country, we have to strive hard and continue our efforts. I wish you all success in your endevours.

Jai Consumer1

आजादी का पर्व

प्रान्तीय भाषा में कहिए:

हर वर्ष 15 अगस्त आता है और सदियों से दासता का शिकार रहा यह देश अपनी आजादी के दिन का बड़े गौरव के साथ उत्सव मनाने लगता है। वास्तव में यह एक. पुण्य - पर्व है। भारतीय स्वाधीनता के प्रथम दिन का मंगल स्मरण है। विदेशी गुलामी से प्रताड़ित, पीड़ित और शोषित देशवासियों की स्वतंत्रता की हवा में साँस लेने के एहसास की मंगल-बेला और देश की एकता के नाद के सामने निरंकुश शासन सत्ता की करारी हार का दिन। अनेक धर्मों, सम्प्रदायों और सामाजिक रीति-रिवाज़ों में बँटी हुई जनता की एक आवाज, एक अभियान एक ध्येय की सुदृढ़ सफलता का अद्भुत अवसर। इतिहास की स्वर्णवेला, स्वतंत्रता का पुण्यपर्व, अपनेपन का मंगल-अवसर, देश की मुक्तितिथि-आदि अनेक नाम अपने आप जेहन में आ जाते हैं और और इस दिन की अनुभूति के साथ जुड़ जाते हैं।

गांधी जी के विचारों के प्रभाव में बड़े नेताओं और बुद्धिजीवियों से लेकर जनसाधारण तक समाज के लगभग सभी वर्गों के कोटि-कोटि लोग थे, जिसके फलस्वरूप उनके विचारों ने एक तरह से जन-चेतना का रूप ले लिया था। गुलामी के दौर में स्वतंत्रता प्राप्ति की उत्कट इच्छा के साथ गाँधी जी ने भारतीय समाज में व्याप्त रूढ़ियों, जातिभेद व वर्गभेद का कड़ा विरोध किया और धार्मिक व साम्प्रदायिक सद्भाव पर भी बराबर बल दिया। इसके साथ ही गरीबी की हालत में जीवन यापन कर रही भारत की जनता को सीमित साधनों में स्वाभिमान से आत्मनिर्भिर होने के लिए सादगी और संपन्नता का जीवन जीने की प्रेरणा भी दी। अपने हर विचार को उन्होंने स्वयं व्यवहार में डालकर देखा और इसी के फलस्वरूप जनसाधारण पर उनका प्रभाव और गहरा होता गया था। इस तरह हम देखते हैं कि स्वतंत्रता आंदोलन के दौर में समूचे भारतीय समाज ने गाँधी जी के विचार और व्यक्तित्व के आस-पास एकाग्र कर लिया था। यही कारण रहा कि साहित्य सृजन की दूसरी विधाओं पर गांधी जी का हर प्रभाव रहा। विभिन्न भारतीय भाषाओं में रचा गया साहित्य गांधी जी के विचारों से इतना प्रभावित रहा।

स्वतंत्रता का साहित्य

प्यारे भाइयो तथा बहनो!

गाँधी जी ने अपने विचारों और सत्याग्रह आंदोलनों से भारतीय जनमानस को ही नहीं बल्कि समूचे विश्व को इतना प्रभावित किया कि समाजदर्शन में गांधीवाद ने अपना प्रमुख स्थान बना लिया। गुलामी का जीवन बसर कर रही भारत की जनता के हृदय विदारक कष्टों का गांधी जी पर ऐसा प्रभाव हुआ कि उन्होंने अपना सारा जीवन परतंत्रता से मुक्ति दिलाने के लिए समर्पित कर दिया। जनता के हृदय में स्वतंत्रता प्राप्ति की भावना उन्होंने कुछ ऐसे भर दी थी कि उनके नेतृत्व में भारत के कोने-कोने के करोड़ों लोग आज़ादी हासिल करने के लिए दृढ़ता के साथ आगे आए और एक समग्र स्वतंत्रता आंदोलन ने रूप लिया जिसकी सफलता हिंसा के बिना समग्र आजादी हासिल करने के रूप में हमारे सामने है।

गाँधी जी के विचारों के प्रभाव में बड़े नेताओं और बुद्धिजीवियों से लेकर जनसाधारण तक समाज के लगभग सभी वर्गों के कोटि-कोटि लोग थे, जिसके फलस्वरूप उनके विचारों ने एक तरह से जन-चेतना का रूप ले लिया था। गुलामी के दौर में स्वतंत्रता प्राप्ति की उत्कट इच्छा के साथ गाँधी जी ने भारतीय समाज में व्याप्त रूढ़ियों, जातिभेद व वर्गभेद का कड़ा विरोध किया और धार्मिक व साम्प्रदायिक सद्भाव पर भी बराबर बल दिया। इसके साथ ही गरीबी की हालत में जीवन यापन कर रही भारत की जनता को सीमित साधनों में स्वाभिमान से आत्मनिर्भर होने के लिए सादगी और संयम का जीवन जीने की प्रेरणा भी दी। अपने हर विचार को उन्होंने स्वयं व्यवहार में ढालकर देखा और इसी के फलस्वरूप जनसाधारण पर उनका प्रभाव और गहरा होता गया था। इस तरह देखते है कि स्वतंत्रता आंदोलन को दौर में समूचे भारतीय समाज ने गांधी जी के विचार और व्यक्तित्व के आस-पास एकाग्र कर लिया था। यही कारण रहा कि साहित्य और सृजन की दूसरी विधाओं पर गांधी जी का गहरा प्रभाव रहा। विभिन्न भारतीय भाषाओं में रचा गया साहित्य गांधी जी के विचारों से इतना प्रभावित रहा कि राष्ट्रीय

कला और समाज

हिमाचल प्रदेश के छोटे-से भूखंड में भी विभिन्न घाटियों के जीवन में विलक्षण विविधता पाई जाती है। खान-पान, रहन-सहन और रीति-रिवाज़ की यह विविधता जातीय अस्मिता से लेकर कला विधाओं व शैलियों तक मुखर होती है। जनजातीय क्षेत्र पांगी, लाहौल-स्पिति और किन्नौर भी परस्पर समान नहीं हैं। सबकी अपनी पहचान है। शिमल,आ सिरमौर व कुल्लू-मंडी के लोगों के जीवन में भी विविधता लक्षित होती है। कांगड़ा व चम्बा के क्षेत्रों की सांस्कृतिक विरासत भी अनूठी है। लेकिन इन सारी धवियों की पारस्परिक संगति से ही हिमाचल के पहाड़ी जीवन और संस्कृति का सामासिक रूप निखर जाता है।

हिमाचल की इस विविधता की परम्परा बहुत पुरानी है। यह सुदूर अतीत में, यहां की आदिम जातियों के बीच आकर, आर्यों और मंगोलों की विभिन्न शाखाओं के समा जाने से लेकर, पिछली शताब्दियों में विभिन्न युद्धों और आक्रमणों के दौरान मैदानों से आकर बसने वाले लोगों तक चली आती है। छोटे-बड़े हर समाज और समुदाय की अपनी जातीय अस्मिता अभी तक काफी कुछ सुरक्षित है और अनेक कलाएँ भी, जिनके माध्यय से परम्परा को जाना-समझा जा सकता है। ललित कला की बात लें तो एक ओर जनजातीय लाहौल-स्पिति व किन्नौर के क्षेत्रों में प्राचीन बौद्ध चित्रकला गोम्पाओं और घरों में थंकाओं व भित्ति-चित्रों के रूप में सुरक्षित है और दूसरी ओर विश्व प्रसिद्ध पहाड़ी लघु-चित्र कला की कांगड़ा, गुलेर, बसोहली, चम्बा, मंडी आदि कितनी ही शैलियाँ इस कला विद्या को समृद्ध बनाती हैं। इन कला शैलियों के चित्र विपाशा में उपहार-चित्र व आवरण आदि में बराबर प्रकाशित होते रहे हैं।

इस अंक में डॉ. गौतम शर्मा 'व्यथित' का लेख 'कांगड़ा जनपद के भित्तिचित्र' जा रहा है। इससे यह भी लक्षित होता है कि अठारहवीं सदी के पूवार्ध में नादिरशाह के आतंक के कारण जो चित्रकार यहाँ आकर बसे उनकी कला कैसे राजा के दरबारों से पहले सम्पन्न घरों तक पहुँची और धीरे-धीरे मंदिरों आदि के माध्यम से लोक-कला तक जा जुड़ी। कांगड़ा के घरों में जो द्वार और देहरा लेखन होता है, वह पहाड़ी लघुचित्र और लोक-कला के एक साथ हो जाने जैसा ही प्रतीत होता है। लोक-कला हर समाज और क्षेत्र के जीवन में किसी न किसी रूप में रहती ही है, लेकिन कुछ ऐसे कलाकारों के आकर बस जाने से, जिनकी तूलिका की रेखाओं और मौलिक रंगों में एक तरह का जादू था, कांगड़ा और आसपास के क्षेत्रों के लोगों में चिन्नकला के प्रति आकर्षण इतना बढ़ गया कि संस्कारों आदि के अवसरों पर द्वार-देहरा लेखन में नया निखार आया और इस तरह लोक-कला बराबर समृद्ध हुई, यह बातें भी डॉ. गौतम व्यथित का लेख पढ़कर समझी जा सकती हैं। इसमें कांगड़ा के भित्ति-चित्रों के विवरण के साथ लोक-चित्र कला के सृजन की प्रक्रिया पर भी प्रकाश

विपाश : 5

अंग्रेजी में भाषान्तरण करें

न्यायाधीश न्यायमूर्ति श्री प्रभाशंकर मिश्र

पूर्व निर्धारित समय पर डॉ. जयलक्ष्मी और मैं उनके निवास स्थान पर पहुँच गयी। उनके निजी सचिव ने हमें सादर ड्राइंग रूम में बिठाया। अभी आधा मिनट ही हुआ था कि स्थिर चाल गंभीर मुस्कान लिए न्यायाधीश न्यायमूर्ति श्री प्रभाशंकर मिश्र ने प्रवेश किया। हम दोनों उठ खड़ी हुई और मीठी मुस्कान के साथ उनका अभिवादन किया। उन्होंने मृदुवाणी से हमें बैठने को कहा। थोड़ी देर में ट्रे में सजे हुए गरमा-गरम चाय के प्याले आ गए। चाय की चुस्की के साथ भेंटवार्ता शुरू हुई।

प्रश्न : न्यायमूर्ति जी! सामाजिक परिप्रेक्ष्य में आप होली को कितना महत्व देते हैं?

न्यायमूर्ति : होली प्रेम, सौहार्द, भातृत्व का ऐसा त्यौहार है जो जातीयता-साम्प्रदायिकता एवं धार्मिक बंधनों की परिधि से परे निर्मलता-पावनता का साक्षात् दिव्य रूप है।

प्रश्न : आज जब हम कम्प्यूटर युग से आगे निकल चुके हैं तो क्या होली को मान्यता दी जानी चाहिए?

न्यायमूर्ति : युग आते हैं और कई वैज्ञानिक-तकनीकी प्रभाव डालते हुए चले जाते हैं किन्तु मानव मन में अपने त्यौहारों के प्रति भावों में कोई अन्तर नहीं आता।

आज की आपाधापी वाली जिन्दगी से थककर व्यक्ति सुस्ताना चाहता है, थोड़ा मनोरंजन चाहता है, सामाजिकों से अपनत्व चाहता है। वह कुछ क्षण अपनी समस्याओं को परे झटक हँसना चाहता है।

खासतौर पर भारतीय समाज में व्यक्ति की अलग से कोई अहमियत नहीं होती। जब तक समाज में है, समाज का अंग है उसे समाज से जुड़ना पड़ता है।

प्रश्न : वैज्ञानिक एवं स्वास्थ्य की दृष्टि से होली की क्या उपयोगिता है?

न्यायमूर्ति : होली अपने शुद्ध रूप से स्वास्थ्य के लिए हानिकारक नहीं है। वैज्ञानिक दृष्टि के संदर्भ में मैं यह कहूँगा कि उत्सवों-त्यौहारों को विज्ञान की सीमा में बांधा नहीं जा सकता। यह दूसरी बात है कि हमने होली के महत्व को जाने-अनजाने या तो अतिरंजित कर दिया है या उससे अलग हो गए हैं। आज होली को खेल बना दिया है वह भी निम्नस्तरीय।

प्रश्न : होली पौराणिक युग से जिस आश्य और मान्यता को लेकर चली थी, क्या आज भी वही है? आप इस संदर्भ में क्या कहना चाहेंगे?

न्यायमूर्ति : सामाजिक दृष्टिकोण इस तथ्य की आवश्यकता महसूस करता है कि होली की शालीन परम्परा के संबंध में नई पीढ़ी को पूर्ण जानकारी दी जाए। होली जैसे त्यौहार समाज को एकजुट करने में इस्तेमाल हो। अपनी मिट्टी से पृथक हो व्यक्ति की पहचान कभी नही बनती, वह तो अपनी जमीन से जुड़े रहने पर ही बनती है। "ऐसी कोई चीज जो पुरानी हो जाए उसे नकार कर कोई चीज नई नहीं बनती। नई चीज की खूबियों का पता पुरानी से तुलना करने पर ही होता है।"

प्रश्न : उत्तर के जिन त्यौहारों को दक्षिण में मनाया जाता है वे समन्वय के लक्षण हैं या उपद्रव के?

न्यायमूर्ति : व्यक्ति अपने त्यौहार-उत्सव जहाँ भी रहे मना सकता है। इस पर कोई प्रतिबंध नहीं लगाया जाता और साथ ही यह अपेक्षा कभी नहीं होनी चाहिए कि वह त्यौहार छोड़ दे। दक्षिण के त्यौहार उत्तर में और उत्तर के दक्षिण में बेरोकटोक मनाए जाने चाहिए। कानून इस संदर्भ में पूरी छूट देता है।

●●●

15

इबादतों की तरह मैं ये काम करता हूँ
मिरा उसूल है पहले सलाम करता हूँ

मुख़ालिफ़त से मिरी शख़्सियत सँवरती है
मैं दुश्मनों का बड़ा एहतराम करता हूँ

मैं अपनी जेब में अपना पता नहीं रखता
सफ़र में सिर्फ़ यही एहतमाम[1] करता हूँ

1. तैयारी

मैं डर गया हूँ बहुत सायादार पेड़ों से
ज़रा सी धूप बिछाकर क़याम करता हूँ

मुझे ख़ुदा ने ग़ज़ल का दयार बख़्शा हैं
ये सल्तनत मैं मोहब्बत के नाम करता हूँ

1996-97

❑❑❑